명언,
그거
내가
겪어보기
전까지는
뻥
다 ㅇ이야

평소에 접하기 힘든 명언, 카피라이터의 창작 명언

글 ㅣ 권수구 · 흔들의자 **일러스트** ㅣ 박재성

흔들의자

책 머리에 I

명언은 사전에는 사리에 맞는 훌륭한 말, 널리 알려진 말 등으로 정의되어 있다.
학자, 문인, 정치가, 사업가 등 유명한 분들이 한 말일 수도 있고
평범한 누군가가 살면서 깨달은 말일 수도 있다.

동서고금의 명언을 보면 그야말로 현명하게 살아가도록 길을 일러주는
나침반 같은 말씀들이다. 그런 명언을 사람들은 저마다 가슴에 새겨두고
인생의 좌우명으로 삼으며 성공의 길에 동반하기도 한다.

그러나, 너무나도 진리이지만, 너무나도 뻔하고 하도 들어 질린
그런 명언도 많다. 소크라테스와 파스칼님에겐 죄송하지만,
'너 자신을 알라.' '사람은 생각하는 갈대다.' 처럼.

새로운 패러다임의 시대를 사는 젊은이들은 부모세대가 감동받고
철썩 같이 신봉해 온 과거의 명언들을 과연 어떻게 생각할까?
좋은 말인 것은 알겠는데 '재미가 없다. 따분하다.' 라며 심드렁해지는 않을까?

남해의 어느 조선소에서 알바하는 아들이 안쓰러워 격언집,
명언집을 뒤져 위로와 격려가 될 만한 글들을 매일 한 편씩 보낸 적이 있다.
뒤에 아들로부터 들은 이야기는, 아버지 마음은 고맙게 받았지만
그 글들이 그다지 도움이 되지 않았다는 것이었다.

아들이 공감할 만한 명언을 콕 집어내지 못한 나의 미흡한 선구안 탓도 있지만,
금과옥조와도 같은 명언들이 세대를 넘어 젊은이들의 마음까지 관통하며
본래의 뜻과 감동을 전하지 못하는 것은 유감이다.

이 책에서, 편집자가 평소 잘 알려지지 않은 명언들을 중점적으로 골라 모은 것이나
저자가 비틀고 뒤집고 때론 억지춘향식으로 창작한 이행시 명언도
모두 이런 염려에서 비롯되었다.
부끄러운 것이 많으나 어여쁜 마음으로 가볍게 보아 주시기 바란다.

권수구

책 머리에 II

2017년 1월 1일.
초판 발간 이후 5년이 흘러 개정판을 내게 되었다.
명언이 주는 교훈은 예나 지금이나 변함없지만
창작 명언을 쓰신 카피라이터 형님은 칠순을 바라보고
초판의 일러스트를 해준 박재성(당시 고등학생)은 군 복무를 마쳤으며
나는 이순耳順에 들어설 만큼 변함이 있다.

몇 해 전 여름.
"형님. 카피 좀 써 주세요."
"무슨 글? 이번에 또 뭔 짓을 하려고"
"명언을 모아 책을 만들려는데 재미없고 밋밋해요. 맛이 없어요."

30년 인연, 카피라이터 권수구!(이하 형님)
필자가 광고회사에 입사했을 때 만난 카피 고수高手다.
직업인으로서 카피라이터는 상품을 파는 글을 써야 할 운명이지만
글을 정말 잘 쓴다는 것은 타고나지 않으면 안 될 천성적 자질이다.

"형님, 감칠 맛 나는 양념 좀 쳐 주시면 됩니다. 써 주세요."

이 한마디로 이 명언집은 '흔함으로부터' 벗어날 수 있었고
'차별화'와 '특별함'을 보여 줄 수 있는 명언집이 될 수 있었다.

그로부터 5년 후, 개정판을 내면서 다시 본 명언.
5,000여 개의 명언 중 2,000여 개를 엄선해 초판을 낼 때와 같은
처음의 마음으로 명언을 곱씹으며 그 뜻을 새긴다.

우연인지 필연인지 108개 주제 항목이다. 번뇌의 수 108!
불교사찰에서 아침저녁 108번 종을 쳐, 인간이 번뇌부터 벗어나길 기원하듯,
주제별 명언이 108번뇌를 극복하는 버팀목이 되었으면 하는 과분한 기대다.

군 복무를 마치자마자 새로운 터치의 일러스트로 책을 빛낸 박재성 군과
창작 명언을 써주신 수구형님께 다시 한번 감사의 말을 전한다.

흔들의자

책 머리에 Ⅲ

좀처럼 끝이 나지 않는 코로나 때문에
많은 사람들이 불편함을 호소하고 있는 시대에...
입대 전 몇 달을 채 즐기지도 못 하고 군대에 들어간 이후로
계속 지루함을 지워내지 못 하고 있었습니다.
분명 자기개발도 하고 운동도 하고 제대 후에는 무엇을 하며 살지 계획도 해야지
하는 마음가짐으로 입대했지만 결국 얼레벌레 게으르게 군생활을 하며
사회로 돌아갈 날짜가 별로 남지 않았을 때 들려온 소식이었습니다.

"고등학생 때 작업 했던 책 기억나지?
이번에 리메이크를 하는데 또 작업을 맡아줘야겠는데."

사실 처음에 이야기를 들었을 때는 엄청 달갑게 느끼지는 못 했었는데,
생각보다 힘들었던 군생활에 하던 일들도 모조리 손을 놓게 되어버린
흔히 말하는 '의지부족' 에 심하게 빠져버린 상태였죠.
더군다나 그나마 잡고 있던 그림을 그리는 것 마저도 즐거움을 느끼지 못 하고
펜을 놓아버렸으니 이제 정말 다시 사회에 내뱉어지면 당장 뭘 할 수 있는지
뭘 해야 하는지 걱정만 앞서던 와중이었으니까 말이죠.

"뭐라도 해야지."

사실 아주 약간만 이성적으로 생각해보면 당연히 감사한 일입니다.
감사합니다.(?)
기쁜 마음으로 나오자마자 작업해야지~ 했지만
2주 정도는 바깥공기에 취해 놀아버렸습니다. (어이없음)
물론 이후로는 꾸준히 하루에 몇 장 씩 정해놓고 작업 했습니다.
예정에 없던 스케줄이 생기거나 하면서 밀린 작업들이 분명 있었기 때문에
결국 마감일 근처에는 하루에 몇 십 장을 그리곤 했죠.
그렇다고 대충 작업했다거나 하지는 않았습니다.
수개월 펜을 잡지 않았다는 것을 감안해도 열심히 작업했습니다.
아무렴 리메이크 이전 그림보다는 보기 좋기를 바라며
이 책이 보는 재미도 있기를 바랍니다.

박재성

CONTENTS

일러두기

1) 본문에 있는 2행시(또는 3행시) 명언 중 '한 음절'은 두음법칙을 무시했음을 양해해 주세요.
   (미래, 사랑, 신뢰, 승리, 두려움, 기다림 등)
   *두음법칙 : 어두(語頭)에 나오는 자음에 제약이 생겨서 일어나는 독특한 현상

2) 꼬리 무는 명언집 : 본문 끝에 있는 명언 중 '한 마디'가 다음 페이지 주제로 이어집니다. (▶▶ 표시)

3) 본 도서는 저작권법에 따라 보호받는 저작물이므로 무단 전재 및 복제를 금지하기에 이 책 내용의
   일부를 인용하시려면 저작권자의 서면 동의를 받아야 합니다만 '카피라이터의 창작 명언(권수구)'
   이나 '일러스트(박재성)'를 개인적인 SNS 활동(블로그, 페이스북… 등 모두)에 활용하실 때는
   반드시 〈책 제목〉을 함께 명기하셔야 합니다. (예 : 명언, 그거 다 뻥이야 중에서)

카피라이터의 창작 명언
+ 평소에 접하기 힘든 명언

명언, 그거 다 뻥이야
내가 겪어보기 전까지는

평소에 접하기
힘든 명언

카피라이터의
창작 명언

시련이 닥친다 해도
시작 심하고 스타트!

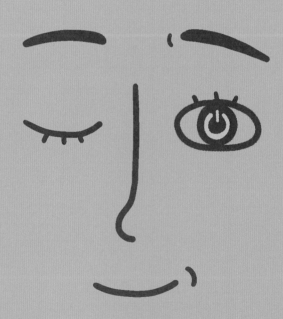

앞서가는 비결은 시작하는 것이다. 마크 트웨인

세상의 유일한 기쁨은 시작하는 것이다. 체사레 파베세

일을 하는 데 있어서 '언제 시작할까' 생각하는 것은
그만큼 때를 늦추는 것이다. 칼라일

포기하는 사람보다 더 나쁜 이는
시작하길 두려워하는 사람이다. 얼 나이팅게일

성공은 감히 시작하는 자에게 찾아온다. Unknown

시작하기 위해 위대해질 필요는 없지만
위대해지려면 시작부터 해야 한다. 레스 브라운

회복의 유일한 길은 다시 시작하는 것이다. 체이즈

쉬워 보이는 일도 해보면 어렵다.
못할 것 같은 일도 시작해 놓으면 이루어진다. 채근담

비록 아무도 과거로 돌아가 새 출발을 할 순 없지만
누구나 지금 시작해 새 엔딩을 만들 수 있다. 레오나르도 다빈치

시작하라!
그 자체가 천재성이고 힘이며 마력이다. 요한 볼프강 폰 괴테

시작하기에 가장 완벽한 곳은
바로 지금 당신이 있는 그곳이다. 우츠도프

시작은 항상 오늘이다. 매리 울스턴 크래프트

꼬리무는 명언집 '오늘'로 이어집니다. ▶▶

오전도 소중하고 오후도 소중하다
늘 그막엔 다 아쉽다

오늘이란 너무 평범한 날인 동시에
과거와 미래를 잇는 소중한 시간이다. 요한 볼프강 폰 괴테

오늘은 오직 한 번뿐 다시 오지 않는다. 서양 속담

오늘은 당신 남은 인생의 첫날이다. Unknown

오늘의 책임을 피함으로써
내일의 책임을 피할 수는 없다. 에이브러햄 링컨

내일을 위한 최고의 준비는
오늘 최선을 다하는 것이다. 잭슨 브라운 주니어

영원히 살 것처럼 꿈꾸고,
내일 죽을 것처럼 오늘을 살라. 제임스 딘

절대 어제를 후회하지 마라.
인생은 오늘의 나 안에 있고,
내일은 스스로 만드는 것이다. 론 허바드

어제는 오늘의 스승이다. 서양 속담

오늘 걷지 않으면 내일은 뛰어야 할 것이다. Unknown

인생은 언제나 당신에게 두 번째 기회를 주고 있다.
우리는 그걸 내일이라 부른다. 서양 격언

내일은 우리가 어제로부터 무엇인가 배웠기를 바란다. 존 웨인

꼬리무는 명언집 '배움'으로 이어집니다. ▶▶

배 우고 익히면
움 트는 희망의 싹

배움이란 것은 우연히 얻을 수 없다.
그것은 타는 열정으로 구해야 하며,
부지런함으로 참여하는 것이다. 아비가일 애덤스

배움은 물을 거슬러 오르는 배와 같아서
나아가지 않으면 뒤로 밀리게 된다. 좌종당

많이 보고 많이 겪고 많이 공부하는 것은 배움의 세 기둥이다. 벤저민 디즈라엘리

과거의 실수에서 배우고
과거의 성공에 기대지 마라. 데니스 웨이틀리

슬픔의 가장 좋은 처방은 무언가를 배우는 것이다.
결코 어긋날 일이 없는 것은 오로지 배움뿐이다. 멀린

배우는 학생은 부끄러워해서는 안 된다. 탈무드

그 사람이 20세든 80세든 지 간에
배움을 멈춘 사람은 바로 늙었다는 것이다. 헨리 포드

뛰기 전에 걷는 것부터 배워라.
인생은 오르막과 내리막의 연속이다. 서양 속담

살아있는 동안 배우라.
늙는 것이 현명함을 가져다주리라 기대하지 마라. 솔론

조금 배운 것은 위험한 것이다. 알렉산더 포프

꼬리무는 명언집 '위험'으로 이어집니다. ▶▶

위
아더 월드

험
한 세상 다리가 되리

위험은 무시됨으로써 더 커지고 만다.

에드먼드 버크

위험은 자신이 무엇을 하는지 모르는 데서 온다.

워런 버핏

위험을 예상하는 것은 이미 반은 피한 것이다.

토머스 풀러

위대한 업적은 대개 커다란 위험을 감수한 결과이다.

헤로도토스

조금도 위험을 감수하지 않는 것이
인생에서 가장 위험한 일일 것이다.

오프라 윈프리

당신이 어떤 위험을 감수하냐를 보면
당신이 무엇을 가치 있게 여기는지 알 수 있다.

자넷 윈터슨

모든 일은 처음 시작할 무렵과 목적이 거의 달성되어
갈 무렵에 실패의 위험이 가장 크다.
배는 바닷가에서 잘 난파한다.

베르그송

모든 위험이 사라질 때까지
항해를 떠나지 못하는 사람은
결코 바다로 나갈 수 없다.

토머스 풀러

위험이 지나가면 신은 잊힌다.

서양 속담

꼬리무는 명언집 '신'으로 이어집니다. ▶▶

신은 내가 선행을 할 때
이미 그곳에 와 있다

신은 나에게 나 자신을 맡겼다. 에릭테토스

신이 인간에게 준 유일한 의무는 행복뿐이다. 헤르만헤세

자기가 할 수 있는 모든 것을 하는 것은
인간이 되는 것이요,
자기가 하고 싶은 모든 것을 하는 것은
신이 되는 것이다. 나폴레옹

신은 잘난 체하는 혀의 시끄러운 소리를
지극히 경멸한다. 소포클레스

신은 아비가 지은 죄에 대해 자식들을 처벌한다. 에우리피데스

신은 인간에게 선물을 줄 때
시련이라는 포장지에 싸서 준다. 딕트레이시

최선을 다하고 그 나머지는 신에게 맡겨라. 서양속담
진인사대천명盡人事待天命

인간은 신이 저지른 실수에 불과한가?
아니면 신이야말로
인간이 저지른 실수에 불과한가? 프레드리히니체

꼬리무는 명언집은 '실수'로 이어집니다. ▶▶

실
실거리다

수
채 구멍에 처박히는 수가 있다

실수는 발견의 시작이다. 제임스조이스

실수는 충만한 삶을 위해 반드시 치러야 할 비용이다. 소피아 로렌

실수하며 보낸 인생은 아무것도 하지 않고 보낸 인생보다
훨씬 존경스러울 뿐 아니라 훨씬 더 유용하다. 조지 버나드 쇼

모든 실수가 어리석은 것이라 말해선 안 된다. 키케로

뭔가를 배울 수 있는 실수들은
가능하면 일찍 저질러 보는 것이 이득이다. 윈스턴 처칠

잘할 수 없다고 생각하여
아예 시도도 하지 않는 것만큼 큰 실수는 없다. 에드먼드 버크

어떤 사람이라도 실수를 범할 수 있다.
하지만 어리석은 사람은 실수를 되풀이한다. 서양속담

실수를 저지를지 모를 상황을 피하는 것이야말로 가장 큰 실수이다. 피터 맥윌리엄스

사람들은 완벽한 사람보다 약간 빈틈 있는 사람을 더 좋아한다.
실수나 허점이 오히려 매력을 더 증진 시킨다.
이를 '실수효과'라 한다. 캐시 매론슨

실수를 부끄러워하지 말라.
실수를 부끄러워하면 그것이 죄가 된다. 공자

실수를 범했을 때 뒤돌아보지 마라.
과거를 바꿀 수는 없지만 미래는 아직 네 손에 달려 있다. 휴화이트

꼬리무는 명언집 '미래'로 이어집니다. ▶▶

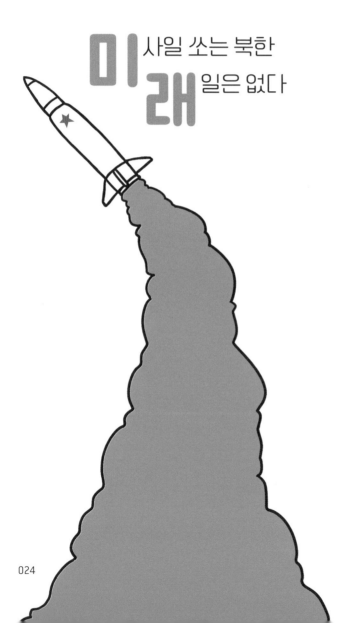

미사일 쏘는 북한 래일은 없다

미래는 현재 우리가 무엇을 하는가에 달려 있다. 마하트마 간디

미래를 창조하기에 꿈만큼 좋은 것은 없다.
오늘의 유토피아가 내일의 현실이 될 수 있다. 빅토르 위고

미래가 과거보다 나을 것이라는 희망이 없다면
사람들은 살아갈 이유가 없다. 블레즈 파스칼

우리 시대의 문제는
미래가 예전의 미래와 다르다는 것이다. 폴 발레리

그냥 어쩌다 미래를 만나서는 안 된다.
자신의 미래를 스스로 창출해야 한다. 로저 스미스

미래를 예측하는 가장 좋은 방법은
그것을 직접 이루어내는 것이다. 앨런 케이

미래의 가장 좋은 점은 하루에 한 번씩 온다는 것이다. 에이브러햄 링컨

미래는 여러 가지 이름을 가지고 있다.
약한 자들에게는 불가능이고
겁 많은 자들에게는 미지이며
용기 있는 자들에게는 기회이다. 빅토르 위고

미래를 결정짓고 싶다면 과거를 공부하라. 공자

미래가 어떻게 전개될지는 모르지만
누가 그 미래를 결정하는지는 안다. 오프라 윈프리

꼬리무는 명언집 '결정'으로 이어집니다. ▶▶

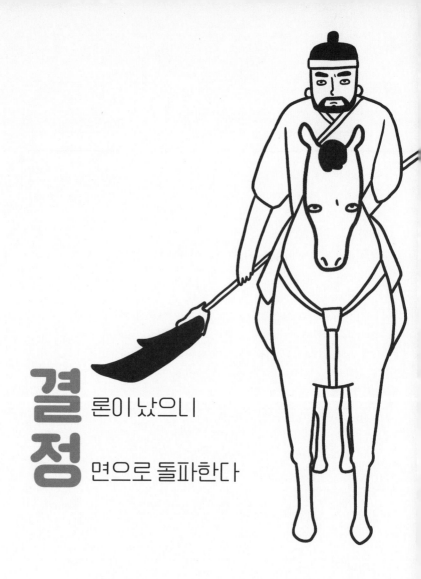

결정 **론**이 났으니

정 **면**으로 돌파한다

무언가가 아니라 누군가가 되기로 결정을 하고 나면
얼마나 많은 걱정을 덜게 되는가. 가브리엘(코코) 샤넬

인생에서 원하는 것을 얻기 위한 첫 번째 단계는
내가 무엇을 원하는지 결정하는 것이다. 벤스타인

어떤 결정을 내려야 할 때
가장 좋은 것은 올바른 결정이고,
그다음으로 좋은 것은 잘못된 결정,
가장 나쁜 것은 아무 결정도 하지 않는 것이다. 로저엔리코

가능과 불가능의 차이는 그 사람의 결정에 달려 있다. 토미라소다

계획이란 미래에 관한 현재의 결정이다. 피터드러커

무엇을 해야 할까를 결정하는 것은 간단하다.
오히려 무엇을 하지 말아야 할까를 결정하기가 더 어려운 법이다. 마이클델

무슨 일이든지 시작을 조심하라.
처음 한 걸음이 앞으로의 일을 결정한다. 레오나르도다빈치

상황이 나를 결정하는 것이 아니라
내가 상황에 굴복할 것인가,
맞설 것인가를 결정하는 것이다. 빅터프랭클

하루하루를 어떻게 보내는가에 따라 우리의 인생이 결정된다. 애니딜러

결정과 실행 사이의 간격은 좁을수록 좋다.
모든 성공한 사람들을 묶어주는 공통점은
결정과 실행 사이의 간격을 아주 좁게 유지하는 능력이다. 피터드러커

꼬리무는 명언집 '실행'으로 이어집니다. ▶▶

실시간 검색어
1위에 오르지 않으려면

행동 조심,
또 조심!

실행이 따르는 비전만이 세상을 바꿀 수 있다. 조엘 바커

아이디어의 좋고 나쁨은 어떻게 실행하느냐에 따라 결정된다. 카를로스 곤

아는 것만으로는 충분하지 않다. 적용해야만 한다.
자발적 의지만으로는 충분하지 않다. 실행해야 한다. 요한 볼프강 폰 괴테

실천이 말보다 낫다. 벤저민 프랭클린

산을 옮기는 사람은 작은 돌을 운반하는 것으로 시작된다. 서양 속담

현재 얼마나 힘을 갖고 있느냐는 진짜 문제가 아니다.
그보다는 내일 힘을 갖기 위해
오늘 무언가를 반드시 실행에 옮기는 것, 그것이 문제다. 캘빈 쿨리지

가장 짧은 대답은 그 일을 하는 것이다. 어니스트 헤밍웨이

아인슈타인만 한 천재는 많다.
그러나 이론을 증명하기 위해 그처럼 10년의
연구와 실험을 견뎌낸 사람은 흔치 않다. 이것이 실행이다. 래리 보디시

해야 할 일은 과감히 결심하라, 결심한 일은 반드시 실행하라. Unknown

옛사람들이 함부로 말을 입 밖에 내지 않은 것은
자기의 실천이 말을 따르지 못할까 두려워했기 때문이다. 논어

당장 실천에 옮길 수 있는 것이 아니라면
미래에 관한 얘기는 의미가 없다. E. F. 슈마커

실행은 열매요, 말은 잎이다. 영국 속담

꼬리무는 명언집 '말'로 이어집니다. ▶▶

말은 마음보다 늘 못하다

말은 사상의 옷이다. 새뮤얼 존스

마음에서 나오는 말은 마음으로 들어간다. 서양 속담

그 사람의 인격은 그가 나누는 대화를 통해 알 수 있다. 메난드로스

생각은 현자처럼 하되 평범한 사람의 언어로 소통하라. 윌리엄 버틀러 예이츠

어리석은 자는 자기 마음을 혓바닥 위에 두고,
현명한 자는 자기의 혀를 마음속에 둔다. 윌리엄 셰익스피어

말이 준 상처는 칼에 베인 상처보다 아프다. 모로코 격언

좋은 말 한마디는 나쁜 책 한 권보다 낫다. 쥘르나르

말이 많으므로 사람은 짐승보다 낫다.
그러나 바른말을 하지 않으면 짐승이 사람보다 낫다. 사디

말은 생각한 다음에 하고 사람들이 듣기 싫어하기 전에 그만두어야 한다.
인간이 언어를 가지고 있으므로 다른 동물보다 특별하지만
그 언어 때문에 커다란 손해를 본다. 레프 톨스토이

몇 마디 말에 많은 뜻을 담고, 말은 간단히 하라. Unknown

보이는 것보다 많이 가지고, 아는 것보다 적게 말하라. 윌리엄 셰익스피어

낮은 목소리로 말하고, 천천히 말하고, 너무 많이 말하지 말라. 존 웨인

오늘 생각하고 내일 말하라. 서양 속담

꼬리무는 명언집 '생각'으로 이어집니다. ▶▶

생각

크림 같던
첫사랑의 추억

설탕처럼
녹아들던 그 때

생각은 행동의 씨앗이다. 랠프 월도 에머슨

고민은 제자리걸음이요, 생각은 앞으로 나가는 것이다. 벅스

인생은 우리가 온종일 생각하는 것으로 이루어져 있다. 랠프 월도 에머슨

황금은 땅속에서보다 인간의 생각 속에서 더 많이 채굴되었다. 나폴레온 힐

물고기를 잡으려면 물고기처럼 생각해야 한다. 케빈 로버츠

당신은 당신이 생각하는 대로 된다. 나폴레온 힐

작은 생각만큼 성취를 제한하는 것도 없다.
자유로운 생각만큼 가능성을 확장하는 것도 없다. 윌리엄 아서 월드

위대한 생각을 길러라.
우리는 어떤 일이 있어도 생각보다 높은 곳으로 오르지 못한다. 벤저민 디즈라엘리

무언가를 해라. 잘되지 않으면 다른 무언가를 해라.
말도 안 되는 생각이란 없다. 짐 하이타워

사색을 포기하는 것은 정신적 파산선고와 같은 것이다. 앨버트 슈바이처

어차피 생각할 바에는 대범하게 생각하라. 도널드 트럼프

우리가 생각의 씨앗을 뿌리면 행동의 열매를 얻게 되고,
행동의 씨앗을 뿌리면 습관의 열매를 얻는다.
습관의 씨앗은 성품을 얻게 하고, 성품은 우리의 운명을 결정짓는다. Unknown

꼬리무는 명언집 '운명'으로 이어집니다. ▶▶

 **운** 빨만 믿는 자
명 명백백 망한다

운명은 네 손안에 있는 것이지. 다른 사람의 입에 달린 것이 아니다.
다른 사람으로 인해 네 운명을 포기하지 마라. 성철

당신의 운명이 결정되는 것은 결심하는 그 순간이다. 앤서니라빈스

지극히 선한 사람과 지극히 악한 사람은 운명의 영향을 받지 않는다.
하루에 1cm라도 똑바로 나아가는 사람은 운명의 지배를 받지 않는다. 김흥국

시종일관하는 자는 운명을 믿고, 변덕 부리는 자는 요행을 믿는다. 디즈데일리

인간은 운명의 포로가 아니라 단지 자기 마음의 포로일 뿐이다. 프랭클린 루스벨트

인간은 자기의 운명을 창조하는 것이지 받아들이는 것이 아니다. 요하네스 비르만

당신의 가슴 속에 당신 운명의 별이 있다. J.실러

운명이 레몬을 주었다면 그것으로 레몬주스를 만들려고 노력하라. 데일 카네기

운명은 기회의 문제가 아니라 선택의 문제다.
기다리는 것이 아니라 성취하면 되는 것이다. 윌리엄 J. 브라이언

운명이 무거운 것이 아니라 나 자신이 약한 것이다.
내가 약하면 운명은 그만큼 무거워진다.
비겁한 자는 운명이란 갈퀴에 걸리고 만다. 세네카

당신이 등지지 않는 한 운명은 언젠가는 당신이 꿈꾸고 있는 대로
고스란히 당신의 것이 될 것이다. 헤르만 헤세

운명보다 강한 것이 있다면 그것은 동요하지 않고
운명을 짊어질 수 있는 용기이다. 가이벨

꼬리무는 명언집 '용기'로 이어집니다. ▶▶

용 감하게 표현하고

기 세 있게 행동하라

용기란 죽을 만큼 두려워도 일단 한번 해보는 것이다. 존웨인

인생이란 용기에 따라서 펴질 수도 움츠러들 수도 있다. 어네니스닌

용기는 두려움이 없는 것이라기보다는
두려움보다 더 중요한 다른 무언가가 있는지 판단하는 것이다. 윈스턴 처칠

용기란 계속할 수 있는 힘이 아니다.
용기란 아무 힘이 없을 때 계속하는 것이다. 시어도어 루스벨트

용기란 자기 자신을 굳게 믿는 것이다.
그러나 아무도 그것을 가르쳐 주진 않는다. 엘 코르도베스

크게 실패할 용기 있는 자만이 크게 이룰 수 있다. 존 F. 케네디

큰 소리를 내는 것이 꼭 용기는 아니다.
어떨 때 용기는 하루가 끝날 때
'내일 또 도전해 봐야지'라고 이야기하는 작은 소리이다. Unknown

용기만 충분히 있다면 못 해낼 일이란 없다. 조앤 K. 롤링

용기란 두려워하는 일을 하는 것이다.
두렵지 않으면 용기도 있을 수 없다. 에우리피데스

그대의 가치는 그대가 품은 이상에 의해 결정된다.
용기는 위기에 처했을 때 빛나는 힘이다. 발타자르 그라시안

용기 있는 자로 살아라. 운이 따라주지 않는다면
용기 있는 가슴으로 불행에 맞서라. 키케로

용기란 두려움에 대한 저항이고, 두려움의 정복이다.
두려움이 없는 게 아니다. 마크 트웨인

꼬리무는 명언집 '두려움'으로 이어집니다. ▶▶

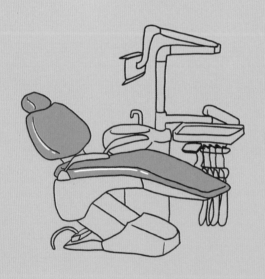

두 번 다시 못 오겟어
려 기는!
움 츠려 들어.

두려움을 자세히 살펴보면
자신에 대해 알 수 있는 정보의 보물창고이다. 마릴린 퍼거슨

처음부터 겁먹지 마라.
막상 가보면 아무것도 아닌 게 세상엔 참으로 많다.
첫걸음을 떼기 전엔 앞으로 나갈 수 없고 뛰기 전엔 이길 수 없다.
너무 많이 뒤돌아보는 자는 크게 이루지 못한다. 요한 폰 쉴러

성공한 사람들은 어느 일에나 실패의 가능성이 있다는 사실을
알고 있는 사람들이다.
그들은 실패를 두려워하지 않는 태도로 의연하다. 디오도어 루빈

두려움은 한순간일 뿐이다. Unknown

우리가 유일하게 두려워해야 할 것은 두려움 그 자체이다. 프랭클린 루스벨트

두려움과 맞서 싸울 때 자신감과 용기를 얻는다. 엘리너 루스벨트

언제나 당신이 두려워하는 일을 하라. 랠프 월도 에머슨

그림자를 두려워 마라.
그림자란 빛이 어딘가 가까운 곳에서 비치고 있음을 뜻하는 것이다. 루스 E. 렌컬

'아니'라고 말하는 것을 두려워하지 마라.
거절을 못 해서 무수한 사람들이 실패의 쓴잔을 마셨다. 존 러벅

당신의 인생에서 범하는 가장 큰 실수는
실수할지도 모른다는 두려움에 사로잡혀 있는 것이다. 앨버트 후버

두려움은 희망 없이 있을 수 없고
희망은 두려움 없이 있을 수 없다. 바뤼흐 스피노자

꼬리무는 명언집 '희망'으로 이어집니다. ▶▶

희망

수의 나이에도
설임 없이 도전하는 이유

*희수(喜壽) : 나이 일흔일곱 살을 달리 이르는 말

희망은 희망을 갈망하여 추구하는 사람을 절대 외면하지 않는다. J. 플레

희망은 볼 수 없는 것을 보고, 만질 수 없는 것을 느끼고
불가능한 것을 이룬다. 헬렌 켈러

희망은 좋은 소식이 나쁜 소식보다 우세한지 계산하는 데서
오는 것이 아니다. 희망이란 그저 행동하겠다는 선택이다. 안나 라페

희망은 깨어있는 꿈이다. 아리스토텔레스

인내는 희망을 품기 위한 기술이다. 보브나르그

어떤 상황에서도 희망은 필요하다. 새뮤얼 존슨

희망은 어둠 속에서 시작된다.
일어나 옳은 일을 하려 할 때, 고집스러운 희망이 시작된다.
새벽은 올 것이다. 기다리고 보고 일하라. 포기하지 마라. 앤 라모트

삶이 있는 한 희망은 있다. 키케로

사막은 어딘가에 샘을 숨기고 있기에 더욱 아름다운 것이다. 생텍쥐페리

희망은 절망의 나락에 빠진 희망의 잿더미에서도
지치지 않고 되살아나는 것이다. 장 켈레비치

포기하지 마라.
저 모퉁이만 돌면 희망이란 녀석이 기다리고 있을지도 모른다. 사이토 시게타

희망을 품지 않은 자는 절망도 할 수 없다. 조지 버나드 쇼

꼬리무는 명언집 '절망'으로 이어집니다. ▶▶

절벽 끝에서
절망
망대해를
바라보다

절망은 지옥의 아지랑이다. 존 돈

실망은 종종 삶의 소금이다. 시어도어 파커

기쁨은 절망의 절벽에서도 꽃처럼 피어날 수 있다. 앤 모르 린드버그

두 사람이 똑같이 창살을 통해서 밖을 내다본다.
한 사람은 진흙을 보고 다른 사람은 별을 본다. 프레드릭 램브리지

모든 일에 절망하는 것보다
소망을 가지는 쪽으로 생각하는 것이 훨씬 낫다. 요한 볼프강 폰 괴테

절망이란 죽음에 이르는 병이다. 키에르케고르

절망에 대한 가장 확실한 해독제는 믿음이다. 키에르케고르

당신은 움츠리기보다 활짝 피어나도록 만들어진 존재다. 오프라 윈프리

절망하지 마라.
설혹 너의 형편이 절망하지 않을 수 없더라도
그래도 절망은 하지 마라.
이미 끝장이 난 듯싶어도 결국은 또 새로운 힘이 생겨나는 것이다.
최후에 모든 것이 정말로 끝장이 났을 때는
절망할 여유도 없지 않겠는가. F. 카프카

절망은 바보들의 결론이다. 벤저민 디즈라엘리

꼬리무는 명언집 '바보'로 이어집니다. ▶▶

바나나를 보고

보라색이라고 하는 놈

바보는 바보짓을 하기 때문에 바보이다. 서양속담

바보는 도와줄 길이 없고
천재는 자기 힘으로 해 나간다. 임마누엘 칸트

바보는 나중에 깨닫고
현명한 사람은 처음부터 깨닫는다. 서양속담

바보들은 연구하고,
현명한 자들은 그것들을 활용한다. H. G. 웰즈

신은 재능을 주시고,
노력은 그 재능을 천재로 만든다. 안나 파블로바

천재는 영원한 인내다. 미켈란젤로

천재란 노력을 계속할 수 있는 재능이다. 토머스 에디슨

천재는 노력하는 사람을 이길 수 없고
노력하는 사람은 즐기는 사람을 이길 수 없다. 롤프 메르쿨레

천재는 해야 할 일을 하고
재능 있는 사람은 할 수 있는 일을 한다. 에드워드 브르워릿튼

천재성은 오직 노력과 근면이다. 윌리엄 오가스

바보도 칭찬을 해라. 그러면 유능해진다. 서양속담

바보는 방황하고 현명한 사람은 여행한다. 토머스 풀러

꼬리무는 명언집 '여행'으로 이어집니다. ▶▶

여유를 찾아서 행복을 찾아서

여행과 변화를 사랑한다는 것은
당신이 살아 있다는 증거다. 바그너

여행과 장소의 변화는
우리 마음에 활력을 선사한다. 세네카

진정한 여행이란
새로운 풍경을 보는 것이 아니라
새로운 눈을 가지는 데 있다. 마르셀 푸르스트

길을 떠나기 전,
여행자는 여행에서 달성할
목적과 동기가 있어야 한다. 조지 산타야나

여행은 당신에게 세 가지 유익함을 준다.
첫째는 타향에 대한 지식,
둘째는 고향에 대한 애착,
셋째는 자신에 대한 발견이다. 오쇼 라즈니쉬

여행을 떠날 각오가 되어있는 자만이
자신을 묶고 있는 속박에서 벗어난다. 헤르만 헤세

여행을 하는 것이나 병에 걸리는 것,
이 둘의 공통점은 자기 자신을 되돌아본다는 점이다. 다케우치 히토시

여행은 정신을 다시 젊어지게 하는 샘물이다. 한스 안데르센

세계는 한 권의 책이다.
여행하지 않는 사람은
그 책의 한 페이지만 읽는 것과 같다. 아우구스티누스

꼬리무는 명언집 '책'으로 이어집니다. ▶▶

책으로 맞으면 더 아프다
그 속에 온갖 아픔이
다 들어가 있기 때문이다

닫혀있기만 한 책은 블록일 뿐이다. 토머스 풀러

책 없는 방은 영혼 없는 육체와도 같다. 키케로

책은 한 권 한 권이 하나의 세계다. 윌리엄 워즈워드

책은 꿈꾸는 것을 가르쳐 주는 진짜 선생이다. 가스통 바슐라스

우리 인간이 이 세상에서 만들어 놓은 것 중에
무엇보다 값지고 소중하며 경이로운 것이 바로 책이다. 토머스 칼라일

책을 가볍게 생각해서는 안 된다.
지금까지의 세계 전체가
결국은 책으로 지배되어 왔기 때문이다. 볼테르

아주 중요한 책은 없다.
가장 중요한 것은 그대 자신이 무엇을 생각하느냐 하는 것이다. E. 허버트

좋은 책을 처음 읽을 때는 새로운 벗을 얻는 것과 같다.
오래된 책을 다시 꺼내어 읽는 것은 옛 친구를 만나는 것과 같다. 골드 스미스

책은 가장 조용하고 변함없는 벗이다. 찰스 엘리엇

사귀는 벗을 보면 그 사람을 알 수 있듯이
책을 보면 그 사람의 품격을 알 수 있다. 새뮤얼 스마일스

오늘 나를 있게 한 것은 우리 마을 도서관이었고
하버드 졸업장보다 소중한 것이 독서하는 습관이었다. 빌 게이츠

꼬리무는 명언집 '독서'로 이어집니다. ▶▶

독사에게 책을 읽힐 수만 있다면

서서히 사람이 되는 것을
볼 것이다

그저 생각하고 생활을 위해 독서하라. 프랜시스 베이컨

가장 발전한 문명사회에서도
책은 최고의 기쁨을 준다.
독서의 기쁨을 아는 자는
재난에 맞설 방편을 얻은 것이다. 랠프 월도 에머슨

좋은 책을 읽지 않는 사람은
책을 읽을 수 없는 사람과 나을 바 없다. 마크 트웨인

독서만큼 값이 싸면서도
오랫동안 즐거움을 누릴 수 있는 것은 없다. 몽테뉴

때때로 독서는 생각하지 않기 위한 기발한 수단이다. 아서 헬프스

사실 우리는 힘을 얻기 위해 독서를 해야 한다. 에즈라 파운드

읽어도 되는 책과 안 되는 책을
엄격하게 분류한다는 것은 터무니없는 일이다. 오스카 와일드

남의 책을 많이 읽어라.
남이 고생하여 얻은 지식을 아주 쉽게 내 것으로 만들 수 있고,
그것으로 자기 발전을 이룰 수 있다. 소크라테스

보기 드문 지식인을 만났을 때는
그가 무슨 책을 읽는가를 물어보아야 한다. 랠프 월도 에머슨

읽다 죽어도 멋져 보일 책을 항상 읽어라. P. J. 오루크

한 인간의 존재를 결정짓는 것은
그가 읽은 책과 그가 쓴 글이다. 도스토옙스키

꼬리무는 명언집 '글쓰기'로 이어집니다. ▶▶

글이란

쓰다가 지우기도 하고

기워서 쓰기도 한다

글을 쓸 때는 모든 것을 내려놓아라.
당신의 내면을 표현하기 위해
단순한 언어들로 단순하게 시작하려고 노력하라. 나탈리 골드버그

글을 쓰기 전에는 항상 내 앞에 마주 앉은 누군가에게
이야기를 해 주는 것이라고 상상해라.
그리고 그 사람이 지루해 자리를 뜨지 않도록 설명해라. 제임스 패터슨

무엇을 쓰든 짧게 써라. 그러면 읽힐 것이다.
명료하게 써라. 그러면 이해될 것이다.
그림같이 써라. 그러면 기억 속에 머물 것이다. 조지프 퓰리처

짧은 글은 한 가지의 테마로 작성되어야 하며,
그 안에 모든 문장이 그 테마와 일맥상통해야 한다. 에드거앨런포

일반적으로, 짧은 단어가 최상이며,
그중에서도 친근한 단어가 최고다. 윈스턴 처칠

초고는 가슴으로 써라. 그런 다음 머리로 다시 써라. 파인딩 포레스터(영화)

위대한 글쓰기는 존재하지 않는다.
오직 위대한 고쳐 쓰기만 존재할 뿐이다. E.B. 화이트

당신이 읽고 싶은 책이 있는데
그 이야기가 책으로 나오지 않았다면 당신은 그 이야기를 쓰면 된다. 토니 모리슨

당신만이 전할 수 있는 이야기를 써라.
너보다 더 똑똑하고 우수한 작가들은 많다. 닐 게이먼

제대로 쓰려 말고 무조건 써라. 조지프 써버

작가에게 눈물이 없다면 독자에게 눈물도 없다.
작가에게 놀람이 없다면 독자에게 놀람이 없다. 로버트 프로스트

꼬리무는 명언집 '눈물'로 이어집니다. ▶▶

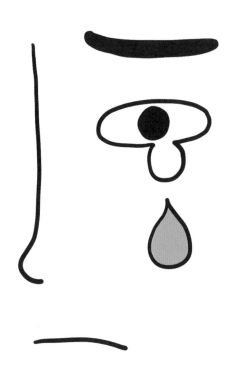

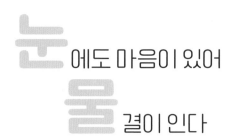 에도 마음이 있어

결이 인다

눈물은 눈의 멋진 언어다.
로버트 헤릭

눈물은 목소리가 없는 슬픔의 언어다.
볼테르

눈물은 영혼에 내리는 여름 소나기다.
알프레드 오스틴

눈물은 신이 인간에게 선물한 치유의 물이다.
헨리 모즐리

눈물에는
선한 눈물과 악한 눈물이 있다.
선한 눈물은 오랫동안 자기의 마음속에
잠들어 있던 정신적 존재의 깨달음을
기뻐하는 눈물이고,
악한 눈물은 자기 자신과
자기의 선행에 아첨하는 눈물이다.
레프 톨스토이

바쁜 사람은
눈물을 흘릴 시간이 없다.
바이런

어쩔 수 없는 일에 대해
슬퍼하지 마라.
서양 속담

지나간 슬픔에
새로운 눈물을 낭비하지 마라.
에우리피데스

눈물은 침묵의 또 다른 언어다.
윌리스

꼬리무는 명언집 '침묵'으로 이어집니다. ▶▶

침묵 튀기는 사람보다
묵히 들어주는 사람이
금이다

말해야 할 때와 침묵해야 할 때를 아는 것은 훌륭한 일이다. 세네카

입을 열어 모든 의혹을 없애는 것보다는
침묵을 지키며 바보로 보이는 것이 더 낫다. 에이브러햄 링컨

시의적절한 침묵은 말보다 설득력 있다. 마틴 파쿠아터퍼

침묵은 다른 방식으로 펼친 주장이다. 체 게바라

침묵은 반박하기 가장 어려운 논쟁 중 하나이다. 조쉬빌링스

침묵은 의미 없는 단어들보다 낫다. 피타고라스

슬기로운 자는 자기 입에 재갈을 물린다. 탈무드

멋진 답이 떠오르지 않을 때는 침묵이 금이다. 무하마드 알리

침묵은 절대 배반하지 않는 진정한 친구다. 공자

침묵한 것에 대해선 한 번쯤 후회할 수 있지만,
자신이 말한 것에 대해서는 자주 후회할 것이다. 이안 가비롤

침묵하라. 아니면 침묵보다 더 가치 있는 말을 하라.
쓸데없는 말을 하느니 차라리 진주를 위험한 곳에 던져라.
많은 단어로 적게 말하지 말고 적은 단어로 많은 것을 말하라. 탈무드

입을 다물든가 아니면 말이 침묵보다 월등하게 하라. 메난드로스

침묵은 예술이다. 웅변도 예술이다.
그러나 경청은 잊혀져 가는 예술이다.
경청을 잘하는 사람은 매우 드물다. 키케로

꼬리무는 명언집 '경청'으로 이어집니다. ▶▶

경 비실에서 알려드립니다

청 소기 사용을 늦은 시간엔
자제해 주시면 감사하겠습니다

사람들이 원하는 모든 것은
자신의 얘기를 들어줄 사람이다. 휴 엘리어트

남의 말을 들어야 하는 중요한 목적 중 하나는
다른 사람이 당신의 말을 듣도록 하기 위해서이다. 존 우즈

남의 말을 열심히 듣는 사람은
말하는 사람 처지에서는 진실한 벗과 같다. 플라톤

남의 말을 경청하라.
귀가 화근이 되는 예는 없다. 프랭크 타이거

남의 말을 열심히 들어주다가 해고당한 사람은 없다. 캘빈 쿨리지

말하는 것은 지식의 영역이며, 경청은 지혜의 특권이다. 올리버 웬델 홈스

다른 사람의 이야기를 진지하게 들어주는
경청의 태도는 우리가 다른 사람에게 나타내 보일 수 있는
최고의 찬사 중 하나이다. 앤드루 카네기

타인을 설득하는 최상의 방법의 하나는
그 사람 말을 경청해서 귀로 설득하는 것이다. 딘 러스크

남의 말을 경청하는 사람은
어디서나 사랑받을 뿐 아니라
시간이 흐르면 지식을 얻게 된다. 윌슨 미즈너

사람이 친구를 사귀는 데는 분명한 과정이 하나 있는데,
매번 몇 시간에 걸쳐 이야기하고 이야기를 들어주는 것이다. 레베카 웨스트

꼬리무는 명언집 '친구'로 이어집니다. ▶▶

친 하다는 것은

SOS

구 조를 요청할 때
손 내밀어 주는 것

친구란 이름만큼 흔한 것이 없고,
진솔한 친구만큼 진귀한 것도 없다. 라퐁

참다운 벗은 좋을 때는 초대해야만 나타나고
어려울 때는 부르지 않아도 나타난다. 보나르

풍요 속에서는 친구들이 나를 알게 되고,
역경 속에서는 내가 친구를 알게 된다. 존 철튼 콜린스

너의 성공이나, 친구의 성공만큼 확실하게
친구에 대한 너의 생각을 바꿔주는 것은 없다. 프랭클린 존스

운명의 기복은 친구의 신뢰를 시험한다. 키케로

성공은 친구를 만들고 역경은 친구를 시험한다. 푸블리우스 시루스

역경은 누가 진정한 친구인지 가르쳐준다. 로이스 맥마스터 부욜

돈 빌려 달라는 것을 거절함으로써
친구를 잃는 일은 적지만
반대로 돈을 빌려줌으로써
도리어 친구를 잃기 쉽다. 쇼펜하우어

거짓된 친구는 분명한 적보다도 더 나쁘다. 서양 속담

친구를 고르는 데는 천천히,
친구를 바꾸는 데는 더 천천히. 벤저민 프랭클린

설명하지 마라.
친구라면 설명할 필요가 없고,
적이라면 어차피 당신을 믿으려 하지 않을 테니까. 앨버트 허버드

친구

형제도 외면하는데
구절절 들어주는 사람

친구란 '내 슬픔을 등에 지고 가는 자'라는 뜻이다. 인디언 속담

친구를 얻는 방법은 친구에게 부탁을 들어달라고 하는 것이 아니라
내가 부탁을 들어주는 것이다. 투키디데스

논리적으로 설득하려고 애쓰는 것보다
기분을 헤아려줌으로써 더 많은 친구를 얻을 수 있다. 존 러벅

친구를 얻는 유일한 방법은
스스로 완전한 친구가 되는 것이다. 랠프 월도 에머슨

우정이라는 기계에
잘 정제된 예의라는 기름을 바르는 것이 현명하다. 콜레트

옛 친구 하나가 새 친구 둘보다 낫다. 서양 속담

보이지 않는 곳에서 나를 좋게 말하는 사람이 진정한 친구이다. 토머스 폴러

말없이 있어 주는 친구가 장황한 충고보다 더 큰 위로가 된다. 서양 속담

모든 언행을 칭찬하는 자보다
결점을 친절하게 말해주는 친구를 가까이하라. 소크라테스

최고의 친구는 당신이 자신에 대한 사랑을 잊고 있을 때
당신을 사랑해 주는 사람이다. 서양 속담

두 사람 사이의 침묵이 편안할 때,
그것이 진정한 우정이다. 데이비드 타이슨 젠트

가족이 하늘이 맺어준 인연이라면
친구는 내가 선택한 가족이다. 데이비드 소로우

꼬리무는 명언집 '가족'으로 이어집니다. ▶▶

가난해도
족보는 지킬 것

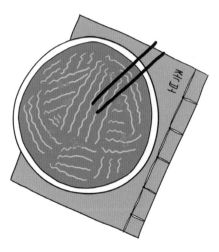

족보

가족은 자연의 걸작들 가운데 하나다. 조지 산타야나

가족이란 네가 누구 핏줄이냐가 아니라
네가 누구를 사랑하느냐이다. 트레이 파커

이 세상에 태어나 우리가 경험하는 가장 멋진 일은
가족의 사랑을 배우는 것이다. 조지 맥도널드

가정은 누구나 있는 그대로의 자기를 표시할 수 있는 유일한 장소이다. A. 모로이

좋은 집이란 사는 것이 아니라 만들어지는 것이어야 한다. 조이스 메이나드

모든 게 잘 안 풀릴 때,
조금도 움찔하지 않고 곁에 있어 주는 사람들은 가족이다. 짐 버쳐

당신은 당신의 가족을 선택하지 못한다.
가족은 신이 그대에게 준 선물이다.
당신이 가족에게 그러하듯. 데스몬드 투투

자매라는 것은 어렸을 때 최고의 경쟁 상대이지만
그 자매가 서로 성장하고 나면 가장 돈독한 관계가 되기 마련이다. 마가렛 미드

집만 한 곳이 없다. 윌리엄 셰익스피어

행복한 가정은 미리 누리는 천국이다. 로버트 브라우닝

가족들이 서로 주고받는 미소는 기분이 좋다.
특히 서로의 마음을 신뢰하고 있을 때는. 워싱턴 어빙

가족은 중요한 것이 아니다. 그것은 모든 것이다. 마이클 J. 폭스

가족의 행동에서 선을 찾고 악을 찾지 말라. 이스라엘 속담

꼬리무는 명언집 '행동'으로 이어집니다. ▶▶

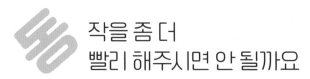

행정보시는 분들께 부탁합니다

작을 좀 더
빨리 해주시면 안 될까요

행동하는 사람 2%가 행동하지 않는 사람 98%를 지배한다. 지그 지글러

사람들은 생각이 아니라 행동으로 살아간다. 아나톨 프랑스

행동의 가치는 그 행동을 끝까지 이루는 데 있다. 칭기즈칸

생각에 있어서 그러했듯, 행동에서 위대하라. 윌리엄 셰익스피어

행동을 초래시키지 않는 생각, 그것은 생각이 아니라 공상이다. 엘리자 램브 마틴

강력한 이유는 강력한 행동을 낳는다. 윌리엄 셰익스피어

실패가 불가능한 것처럼 행동하라. 앤 설리반

행동이 반드시 행복을 가져가 주는 건 아니지만
행동 없이는 행복이란 있을 수 없다. 윌리엄 제임스

미래를 신뢰하지 마라, 죽은 과거는 묻어버려라.
그리고 살아있는 현재에 행동하라. 헨리 워즈워스 롱펠로우

행동하는 사람처럼 생각하고, 생각하는 사람처럼 행동하라. 앙리 베르그송

행동만을 신뢰하라. 인생은 말이 아니라 행동으로 사는 것이다. 알프레드 아들러

행동은 즉시 취해져야 한다. 허비할 시간이 없기 때문이다. 미구엘 히달고

시작하는 방법은 그만 말하고 이제 행동하는 것이다. 월트 디즈니

행동하는 데 만족하고,
말하는 것은 다른 사람들 몫으로 남겨두라. 발타자르 그라시안

꼬리무는 명언집 '만족'으로 이어집니다. ▶▶

만 원에  족 발 2인분

만족은 결과가 아니라 과정에서 온다. 제임스딘

잘되겠다고 노력하는 것 이상으로 잘 사는 방법은 없다.
또 잘되어 간다고 느끼는 그 이상으로 큰 만족도 없다. 소크라테스

욕망은 결코 만족할 줄 모른다. 피타고라스

현명한 사람이란 누구인가?
모두에게서 배우는 사람이다.
강한 사람은 누구인가?
스스로 열정을 지배하는 사람이다.
부유한 사람은 누구인가?
만족하는 사람이다.
그렇다면 그런 사람은 누구인가?
아무도 없다. 벤저민 프랭클린

개구리에게는 황금의자보다 연못 속이 더 좋다. 서양속담

가장 적은 것으로도 만족하는 사람이 가장 부유한 사람이다. 소크라테스

사람은 성공했기 때문에 만족하는 것이 아니고
만족하고 있기에 성공하는 것이다. 알랭

마음의 만족을 얻으려거든
엄격하게 자기를 이겨내는 기술부터 배우라. 게렐트

만족한 마음을 가질 수 없는 사람은 만족한 생활을 할 수 없다. 묵자

마음속에 만족하지 못하면 행복은 얻을 수 없는 것이다. 호라티우스

만족이 행복이다. 토머스풀러

꼬리무는 명언집 '행복'으로 이어집니다. ▶▶

행복 여나 노력 없이 이 올거라 기대마세요

아무것도 바라지 않을 때가 최고 행복이다.
극히 작은 것밖에 바라지 않을 때가 그다음 가는 행복이다. 소크라테스

모자라는 부분을 채워가는 것이 행복이다. 로버트 프로스트

행복하자면 두 가지 길이 있다.
욕망을 줄이거나 소유물을 늘리거나 하면 된다. 벤저민 프랭클린

행복이란 삶의 의미이자 목적이요,
인간 존재의 총체적 목표이자 끝이다. 아리스토텔레스

행복에 대한 권리는 간단하다. 불만에 속지 않으면 된다.
불만 때문에 자신을 학대하지 않으면 삶은 즐거운 것이다. 버트런드 러셀

대부분 사람은 마음먹은 만큼 행복하다. 에이브러햄 링컨

행복에 있어서 가장 큰 장애물은 너무 큰 행복을 기대하는 마음이다. 폰트넬르

어리석은 자는 멀리서 행복을 찾고,
현명한 자는 자신의 발치에서 행복을 키워간다. 제임스 오펜하임

행복은 두 손안에 꽉 잡고 있을 때는
그 행복이 항상 작아 보이지만 그것을 풀어준 후에는
비로소 그 행복이 얼마나 크고 귀중했는지 알 수 있다. 막심 고리끼

인간 최대 행복은 희망을 품는데 있다. 레오나르드 세파

당신이 행복해지는 데 필요한 것은 당신 안에 있다. Unknown

행복은 돈으로 살 수 없지만, 가난으로도 살 수 없다. 레오 로스텐

꼬리무는 명언집 '가난'으로 이어집니다. ▶▶

가 면 갈수록
난 감하네

마음이 가난하면 가난을 못 벗는다.
마음에 풍요를 심어라. 이건희

가난은 병보다 괴롭다. 가난은 사람을 분발케 한다. 영국속담

가난에 쪼들려 허덕이고 있을 때 무엇을 생각했느냐,
또 어떤 일을 했느냐, 그것이 마침내 성공에 연결되어 간다. 중국속담

노동이 신체를 굳세게 함과 같이 가난은 정신을 굳세게 한다. 세네카

가난하다고 해서 꿈까지 가난한 것은 아니다. 서칭포 슈가맨(영화)

가난은 부끄러울 일이 아니지만,
가난을 수치스럽게 생각하는 것은 부끄러운 일이다. 벤저민 프랭클린

가난, 그 자체는 결코 불명예스러운 것이 아니지만
태만과 방종, 사치, 우둔함의 결과로 나타난다면
그것은 불명예가 된다. 플루타르크

가난이 오래 지속되면
지나친 향락이 계속될 때처럼 인생은 녹슬어 버린다. 에센 바하

가난하다는 말은 너무 적게 가진 사람을 두고 하는 말이 아니라
더 많은 것을 바라는 사람을 두고 하는 말이다. 세네카

참으로 가난하다는 것은
정신도 힘도 가지고 있지 않은 인간을 말하는 것이다. 벤셀

가난은 많은 뿌리를 갖고 있다.
그러나 주된 뿌리는 무지이다. 린딘 존슨

꼬리무는 명언집 '무지'로 이어집니다. ▶▶

무느만 인간이다
지식 쌓기를 게을리 하면!

공포는 항상 무지에서 나온다. 랠프 월도 에머슨

편견은 무지의 자식이다. 윌리엄 해즐리트

자신의 무지를 아는 것이 진정한 지혜이다. 공자

우둔함은 영원하나 무지는 고칠 수 있다. 돈 우드

무지에서 벗어나려는 노력,
즉 자신을 알려는 노력은
이 세상에서 우리가 할 수 있는 일들 가운데
가장 고귀한 것이다. 조셉 골드스타인

무지를 아는 것이 곧 앎의 시작이다. 소크라테스

무지한 사람일수록 달변가가 되고,
지혜로운 사람일수록 침묵을 지킨다. 장 쟈크 루소

무지한 사람에게 침묵만큼 좋은 것은 없다.
그리고 이것을 알고 있다면 그는 더 이상 무식하지 않다. 사디

무지는 교만이고, 교만이 무지이다.
"나는 배우는 법에 대해서는 가르침을 받을 필요가 없다"라고
말하는 사람은 교만하고 무지한 자이다. 수피

네 자신의 무지를 절대 과소평가 하지 마라. 앨버트 아인슈타인

무지는 자발적인 불행이다. 니콜라스 링

꼬리무는 명언집 '불행'으로 이어집니다. ▶▶

불이나면
행복도 타버린다

언제까지 계속되는 불행은 없다.
가만히 견디고 참든지 용기를 내어 내쫓아 버리든지
이 들 중의 한 가지 방법을 택해야 한다. 로맹롤랑

가장 현명한 사람은 큰 불행도 작게 처리하고,
어리석은 사람은 조그마한 불행도 현미경으로 확대하여
스스로 큰 고민 속에 빠진다. 라로슈푸코

가장 큰 불행은 얻을 수 없는 것에
마음을 두고 사는 것이다. 플라톤

불행한 것처럼 보이는 우리의 삶 속에도
스쳐 지나 버린 행복이 있을지 모른다. 헬렌 켈러

인간이 불행한 것은 자신이 행복하다는 것을 모르는 것이다. 도스토옙스키

요행은 불행의 안내자다. 이건희

그대가 자신의 불행을 생각하지 않게 되는
가장 좋은 방법은 일에 몰두하는 것이다. 베토벤

인내로 극복되지 않는 불행은 없다. 베르길리우스

궁핍은 영혼과 정신을 낳고, 불행은 위대한 인물을 낳는다. 빅토르 위고

불행에 굴복하는 일이 있어서는 안 된다.
그보다도 대담하게 적극적이며, 과감하게 불행에 도전할 일이다. 베르길리우스

꼬리무는 명언집 '도전'으로 이어집니다. ▶▶

시남이
도전 답사서 뭐하려고?

도전을 겁내는 사람 대부분은 꿈을 억누른 채 살아간다. 헨리 데이비드 소로우

세상의 중요한 업적 중 대부분은 희망이 보이지 않는 상황에서도
끊임없이 도전한 사람들이 이룬 것이다. 데일 카네기

위대한 일을 위해서 대단한 도전이 필요하지 않다.
단지 순간순간의 작은 도전이 모여 위대한 일을 이루어간다. 모션 코치

감히 도전해보지 못한 사람은 아무것도 하지 못한다. 지그 지글러

한 번도 실수한 적이 없는 사람은
한 번도 새로운 것에 도전해 본 적이 없는 사람이다. 앨버트 아인슈타인

실패에 대한 두려움은 도전을 포기하게 만든다.
도전하지 않으면 당신의 삶에서 원하는 것을 얻을 수 없다. 아이어코카

할 수 없을 것 같은 일을 하라. 실패하라. 그리고 다시 도전하라.
이번에는 더 잘해보라. 넘어져 본 적이 없는 사람은
단지 위험을 감수해 본 적이 없는 사람 일뿐이다. 오프라 윈프리

미쳤다는 말을 들어보지 못했다면
당신은 단 한 번도 목숨 걸고 도전한 적이 없었던 것이다. W. 볼튼

신은 대담한 자의 편에 선다.
용기를 가지고 도전하라. 신은 용감한 자를 돕는다. 실러

가져보지 않은 것을 가지려면 해보지 않은 것을 해야 한다. Unknown

해보는 수밖에 길은 없다. 에리히 케스트너

도전에 성공하는 비결은 단 하나! 결단코 포기하지 않는 일이다. 디어도어 루빈

꼬리무는 명언집 '포기'로 이어집니다. ▶▶

포
풀리즘 정치
기
대도 안해!

*포퓰리즘(Populism) : 현대적 의미는 저소득층이나 대중의 인기를 얻는 것을 목적으로 하는 정책

포기는 영원히 남는다. 랜스 암스트롱

포기는 마음은 편안하게 해주지만
그로 인해 얻을 수 있는 보상은 없다. 웨스 비비스

인간은 패배하였을 때 끝나는 것이 아니라
포기하였을 때 끝나는 것이다. 리처드 닉슨

실패하는 사람들의 90%는
정말로 실패하는 것이 아니라 포기하는 것이다. 폴 마이어

포기하지 않으면
지금의 고난이 에피소드가 될 수 있다. 드렌노트

포기하지 않는 사람을 이길 수는 없다. 베이브 루스

포기하지 않는 이상 실패하지 않은 것이다. 고든 힝클리

포기하지 않으면 초조해할 일도 없다. Unknown

포기하지 마라.
오늘은 힘들지만,
내일은 덜 힘들겠으며,
모레는 당신의 앞날에 빛이 보일 것이다. 마윈

내가 포기하는 것을 포기해라. 나루토(영화)

세상에는 단 두 가지 법칙만이 존재한다.
첫째, 절대로 포기하지 말 것.
둘째, 첫 번째 법칙을 절대로 잊지 말 것. 듀크 엘링턴

꼬리무는 명언집 '세상'으로 이어집니다. ▶▶

세 탁할 수만 있다면
상 처도 씻어내고 싶다

세상엔 공짜가 없다. Unknown

네가 태어났을 때, 너는 울었고 세상은 기뻐했다.
네가 죽을 때에는 세상이 울고 네가 기뻐할 수 있는 삶을 살아라. 인디언 격언

누구에게나 이 세상에 부여된 천직이 있다.
그 일을 찾는 것이 생애에 있어 가장 중요한 일이다. 나다니엘 호손

자기가 어디로 가고 있는지 아는 사람은
세상 어디를 가더라도 길을 발견한다. 데이비드 스타 조르단

세상은 거울이다.
찌푸리면 거울도 찌푸리고, 웃으면 거울도 웃어준다. 허버트 새뮤얼

인류는 세상을 다른 시각으로 보는 사람들에게 냉담할 수 있다. 에릭 번스

세상은 무대이고 우리 대부분은 절망적으로 리허설이 없다. 숀 오케이시

세상이 널 버렸다고 생각하는가?
세상은 널 가진 적이 없다. 에르빈 롬멜

세상은 생각대로 되지 않는다.
하지만 생각대로 되지 않는다는 건 멋진 것이다.
생각지도 못한 일이 일어난 것이니까. 엘리자

세상은 오직 성공한 자의 자랑에만 관대하다. 존 블레이크

꼬리무는 명언집 '성공'으로 이어집니다. ▶ ▶

성공 당, 절, 교회 가서 들여 기도하는 이유

성공하는 사람은 송곳처럼 어느 한 점을 향하여 일한다. 크리스천 보비

당장 편해지자고 남의 손을 빌리면 성공의 기쁨도 영영 남의 것이 된다. 앤드루 매튜스

성공의 커다란 비결은
절대 지치지 않는 인간으로 인생을 살아가는 것이다. 앨버트 슈바이처

성공에는 비밀이 없다.
성공한 사람치고 성공에 대해 말하지 않는 사람을 본 적 없다. 존 D. 줄리어스 3세

성공한 사람보다는 가치 있는 사람이 돼라. 앨버트 아인슈타인

인생에서 성공하려거든
끈기를 죽마고우로, 경험을 현명한 조언자로,
신중을 형님으로, 희망을 수호신으로 삼아라. 조지프 애디슨

성공은 수고의 보상이라는 것을 기억하라. 소포클래스

실패하는 길은 여럿이나 성공하는 길은 오직 하나다. 아리스토텔레스

성공의 사다리에 발을 올리기 전에
그것이 벽에 걸쳐져 있는지 확인하라. 스티븐 코비

늘 명심하라.
성공하겠다는 너 자신의 결심이 다른 어떤 것보다 중요하다는 것을. 에이브러햄 링컨

어떤 분야에서든 유능해지고 성공하기 위해선 세 가지가 필요하다.
타고난 천성과 공부 그리고 부단한 노력이 그것이다. 헨리 워드 비처

꼬리무는 명언집 '노력'으로 이어집니다. ▶▶

노고에 박수를 보냅니다

력시 기대를 저버리지 않는군요

너는 왜 평범하게 노력하는가!
시시하게 살길 원치 않으면서! 존 F. 케네디

사람을 강하게 만드는 것은
그가 하는 일이 아니라 하고자 노력하는 것이다. 어니스트 헤밍웨이

노력한다고 해서 다 성공하는 것은 아니지만,
성공한 사람들의 공통점은 모두 다 노력을 했다. 스티븐 코비

독수리는 마지막 성공을 거둘 때까지
온 생명을 바쳐 노력한다. 벤저민 프랭클린

땀 없는 달콤함 없다.
노력 없이는 열매를 맺을 수 없다. 서양 속담

인생에 규칙이란 없다.
우리는 무언가 이루려 노력하고 있을 뿐이다. 토머스 에디슨

당신의 노력을 존중하라. 당신 자신을 존중하라.
자존감은 자제력을 낳는다.
이 둘을 겸비하면 진정한 힘을 갖게 된다. 클린트 이스트우드

신은 우리가 성공할 것을 요구하지 않는다.
우리가 노력할 것을 요구할 뿐이다. 마더 테레사

어쨌든 계속 노력하라.
언젠가는 반드시 용기가 솟아나게 될 것이다. 다란벨

대리석이 낭비될수록 조각상은 성장한다. 미켈란젤로

꼬리무는 명언집 '성장'으로 이어집니다. ▶▶

성적 좋은 아이만이
장한 어른 되란 법 없다

우리는 같은 생각을 하는 사람들을 통해 위로받고,
생각을 달리하는 사람들을 통해 성장하게 된다. 프랭크 클라크

지속적인 자기 계발이 없으면
현재의 당신이 앞으로의 당신이 될 것이고,
당신이 될 수도 있었던 사람과
당신 자신이 비교될 때 고통은 시작된다. 엘리 코헨

언젠가 날기를 배우려는 사람은
우선 서고, 걷고, 달리고, 오르고,
춤추는 것을 배워야 한다. 프레드리히 니체

성장은 뜻밖의 어둠 속에서도 도약할 때 이루어진다. 헨리 밀러

세상살이에 관한 지식은 다만 세상 속에서 얻어지는 것이지
책상 앞에서 얻을 수 있는 것이 아니다. 서양 속담

남을 헐뜯는 것은 세 사람을 죽인다.
자기 자신과 상대방, 그리고 그것을 듣고 있는 사람이다. 피타고라스

그 사람의 입장이 되어 보지 않고서는 그 사람을 비난하지 마라. 서양 속담

대접받고자 하는 대로 남을 대접하라. 성경

당신 자신의 회복을 인생 최우선으로 삼아라. 로빈 노우드

당신이 내일 만날 사람 중, 4분의 3은 동정심을 갈망할 것이다.
그것을 그들에게 안겨주라. 그러면 그들은 당신을 사랑할 것이다. 데일 카네기

꼬리무는 명언집 '사랑'으로 이어집니다. ▶▶

사심 가득한 남녀가
사랑 데뷰 하는 것

낱말 하나가
삶의 모든 무게와 고통에서
우리를 해방시킨다.
그 말은 사랑이다. 소포클레스

어떠한 사람이 곁에 있으면
다른 인간의 존재 따위는
전혀 문제가 안 되는 수가 있다.
이것이 곧 연애라는 것이다. 쿠프린

연애란 인생에서 맛볼 수 있는 최대의 기쁨이고
인간에게 주어진 광기 어린 일이다. 스탕달

연애는 전쟁과 같은 것이다.
시작하기는 쉬우나 그만두기는 어렵다. 멩겐

연애는 내가 상처받지 않기 위해서 애쓰는 것이고,
사랑은 상대방에게 상처 주지 않기 위해 애쓰는 것이다. Unknown

연애는 사람의 눈을 멀게 하지만
결혼은 시력을 되돌려준다. 리히텐베르크

연애가 결혼보다 즐거운 것은
소설이 역사보다도 재미있는 것과 같은 이유다. 니콜라스 샹포르

사랑은 둘이 하면서도 둘 다 이기는 게임이다. 이바 게이버

사랑하는 것은 천국을 살짝 엿보는 것이다. 카렌 선드

첫사랑이 신비로운 것은
우리가 그것이 끝날 수 있다는 것을 모르기 때문이다. 벤저민 디즈라엘리

사모합니다.

랑자 아니 낭자!

사랑을 뉘우친다는 것은 있을 수 없다.
사랑이란 죄목은 없으니까. 폴앙리스파크

단지 누구를 사랑한다고 해서
무조건 감싸야 하는 뜻은 아니다.
사랑은 상처를 덮는 붕대가 아니다. 휴엘리어트

사랑은 달콤한 꽃이다.
그러나 그것을 따기 위해서는
벼랑 끝까지 갈 용기가 있어야 한다. 스탕달

사랑이 두려운 것은
사랑이 깨지는 것보다
사랑이 변하는 것이다. 프레드리히니체

누군가에게 길든다는 것은
눈물을 흘릴 것을 각오하는 일이다. 생텍쥐페리

사랑의 비극은 죽음이나 이별이 아니다.
두 사람 중 어느 한 사람이 이미 상대방을
사랑하지 않게 된 날이 왔을 때이다. 서머셋모옴

겁쟁이는 사랑을 드러낼 능력이 없다.
사랑은 용기 있는 자의 특권이다. 마하트마간디

가장 오래 지속되는 사랑은 돌아오지 않는 사랑이다. 서머셋모옴

서로를 이해하기 위해서는
어느 정도 닮은 데가 있어야 하지만
서로를 사랑하기 위해서는
어느 정도 다른 데가 있어야 한다. 폴제랄디

사랑 진만 남는 사람도 많습니다.

만적인 시절, 뜨겁던 순간들…

미래의 사랑이란 없다.
사랑이란 언제나 현재형이다.
사랑을 지금 보여주지 않으면
사랑이 없는 사람이다. 레프 톨스토이

미숙한 사랑은 당신이 필요해서 당신을 사랑한다고 하지만
성숙한 사랑은 사랑하니까 당신이 필요하다고 한다. 윈스턴 처칠

사랑은 두 개의 공상을 서로 교환하는 것이며
둘의 피부를 맞대는 것이다. 니콜라스 캠포트

사랑은 끝없는 신비다.
그것을 설명할 수 있는 것이 전혀 없기 때문이다. 타고르

사랑의 기쁨은 잠깐이지만
사랑의 고통은 평생 지속된다. Unknown

사랑한다는 것은
책임감을 느끼는 것이며, 이해하는 것이고,
마지막으로 주는 것이다. 에리히 프롬

사랑은 달콤하다.
그러나 빵이 수반할 경우에만 그렇다. 유태격언

사랑은 별다른 것이 아니다.
단지 그 사람과 함께 늙어가고 싶은 것이다. 레마르크

내가 사랑에 대해 안다면 그것은 당신이 있기 때문입니다. 헤르만 헤세

사랑은 나이를 갖지 않는다.
언제나 새롭게 태어나기 때문이다. 파스칼

꼬리무는 명언집 '나이'로 이어집니다. ▶▶

나,
이 만큼 살았네.

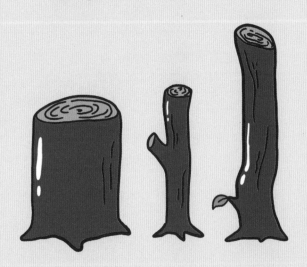

나이 든다는 것은 등산하는 것과 같다.
오를수록 더 지치고 숨차지만 당신의 시야는 점점 넓어진다. 잉그마르 베르히만

우리는 나이가 들면서 변하는 게 아니다.
보다 자기다워지는 것이다. 린홀

젊음은 한때이지만 철없음은 영원할 수 있다. 데이브 배리

젊음은 알지 못한 것을 탄식하고
나이 든 후에는 하지 못한 것을 탄식한다. 앙리 에스티엔

젊은 시절에는 하루가 짧고 1년은 길다.
나이를 먹으면 1년은 짧고 하루는 길다. 프랜시스 베이컨

우리가 노력 없이 얻는 거의 유일한 것은 노년이다. 글로리아 피처

노년은 갑자기 찾아온다.
생각처럼 차근차근 다가오지 않는다. 에밀리 디킨슨

나이가 성숙을 보장하지는 않는다. 라와나 블랙웰

늙는다는 것은 세상의 규칙을
더는 바꾸려고 노력하지 않는 것이다. 장 그르니에

나이가 들면서 눈이 침침한 것은 필요 없는 작은 것을 보지 말고
필요한 큰 것만 바라보는 것이다. 정약용

세월의 나이를 슬퍼하지 말라.
진정 슬퍼해야 할 것은 마음의 나이가 드는 것이다. 밀레

나이가 들수록 해보지 않았던 것에 대해서만
후회한다는 것을 발견하게 될 것이다. 재커리 스코트

꼬리무는 명언집 '후회'로 이어집니다. ▶▶

후회

진국으로 돌아갈 수도 있겠다
한의 투표 실수

후회는 너무 늦게 찾아온 판단력이다. 레무스 리언

인간은 본시 후회하도록 만들어져 있다. 후지사와 슈헤이

과거에 했던 일에 대한 후회는 시간이 지나면 잊힐 수 있다.
하지만 하지 않은 일에 대한 후회는 위안받을 길이 없다. 시드니 J. 해리스

절대 후회하지 마라.
좋았다면 추억이고, 나빴다면 경험이다. 카렌 램

후회는 아무리 빨라도 늦고 시작은 아무리 늦어도 빠르다. 레무스 리언

사람이 인생에서 가장 후회하는 어리석은 행동은
기회가 있을 때 저지르지 않은 행동이다. 헬렌 롤랜드

절대 후회하지 마라.
뒤돌아보지 말 것을 인생의 규칙으로 삼아라.
후회는 쓸데없는 기운의 낭비이다. 후회로는 아무것도 이룰 수 없다.
단지 정체만 있을 뿐이다. 캐서린 맨스필드

인생에서 가장 슬픈 세 가지.
할 수 있었는데,
해야 했는데,
해야만 했는데. 루이스 분

후회하기 싫으면 그렇게 살지 말고,
그렇게 살 거면 후회하지 마라. 이문열

삶은 계속되고 아직 꿈꿀 시간은 많다.
후회가 꿈을 대신하는 순간부터 우리는 늙기 시작한다. 지미 카터

꼬리무는 명언집 '꿈'으로 이어집니다. ▶▶

꿈 틀꿈틀~

세상의 모든 꿈들이여, 피어나라!

꿈을 그리는 사람은 마침내 그 꿈을 닮아간다. 앙드레 말로

꿈은 머리로 생각하는 게 아니라
가슴으로 느끼고, 손으로 적고, 직접 발로 실천하는 것이다. 존 고다드

꿈이란 당신이 잠에서 깨어나면 잊어버리는 그 무엇이 아니라,
당신을 잠에서 깨우는 무엇이다. 찰리 헤지스

꿈을 실현하는 가장 좋은 방법은 깨어있는 것이다. 폴 발레리

위대한 성취를 하려면 행동하는 것뿐만 아니라,
꿈꾸는 것도 반드시 필요하다. 아나톨 프랑스

그대의 꿈이 단 한 번도 실현되지 않았다 하여
가엾게 생각하지 마라.
정말 가엾은 것은 단 한 번도 꿈을 꿔보지 않은 사람이다. 에센 바흐

꿈을 꾸면 꿈이 너를 만들 것이다. Unknown

낮에 꿈꾸는 사람은 밤에만 꿈을 꾸는 사람들에게 찾아오지 않는
많은 것들을 알고 있다. 애드거 앨런 포

사람들이 꿈을 이루지 못하는 이유는
그들의 생각을 바꾸지 않고 결과를 바꾸고 싶어 하기 때문이다. 존 맥스웰

꿈을 버리지 마라.
꿈이 사라지면 당신은 존재하지만 사는 것은 끝난 것이다. 마크 트웨인

꿈은 이루어진다.
이루어질 가능성이 없었다면
애초에 자연이 우리를 꿈꾸게 하지도 않았을 것이다. 존 업다이크

꼬리무는 명언집 '자연'으로 이어집니다. ▶▶

자기를 찾는 중요한 일인데

연차를 몽땅 써서라도 떠나자

자연은 뛰어넘으면서 앞으로 나가지 않는다.

서양 속담

자연은 착한 안내자이다. 현명하고 공정하고 그리고 선량하다.

몽테뉴

자연은 그에 복종하지 않고는 지배되지 않는다.

프랜시스 베이컨

예술에는 오류가 있을지 모르나 자연에는 잘못이 없다.

드리든

자연은 절대 실패하지 않는다. 자연은 언제나 걸작을 만든다.
참을성을 지녀라. 영감에 기대하지 마라.

오귀스트 로댕

자연은 최고의 의사이다.

서양 속담

자연과 멀수록 병은 가까워진다.

요한 볼프강 폰 괴테

자연이 하는 일에는 쓸데없는 것이 없다.

아리스토텔레스

자연을 보라. 그리고 자연을 배우라.
자연은 끊임없이 자신을 단련한다.

장자크 루소

자연은 결코 우리를 속이지 않는다.
우리를 속이는 것은 언제나 우리 자신이다.

장자크 루소

꼬리무는 명언집 '나 자신'으로 이어집니다. ▶▶

나,
자
기
신이 세상의
둥이다

당신만이 느끼고 있지 못할 뿐 당신은 매우 특별한 사람이다. 데이몬드 투투

너 자신을 최대로 활용하라. 그것이 주어진 전부이기 때문이다. 랠프 월도 에머슨

세상은 변하지 않는다. 다만 변할 수 있는 건 우리 자신뿐이다. 헨리 데이비드 소로우

다른 누군가가 되어서 사랑받기보다는
있는 그대로의 나로서 미움받는 것이 낫다. 커트 코베인

네 모습 그대로 미움받는 것이
너 아닌 다른 모습으로 사랑받는 것보다 낫다. 앙드레 지드

하루를 원망하며 사는 것보다는
하루를 감사히 받아들이는 것이 나에 대한 최선의 예의이다. 발레리 앤더스

자신을 사랑하는 법을 아는 것이 가장 위대한 사랑이다. 마이클 매서

자기 자신을 너무 대단하게 생각하지 마라.
그러나 완전히 믿을 수는 있어야 한다.
부지런히 준비하라.
창의적으로 생각하라.
지적으로 깊이 생각하라.
숙제를 하라.
절대 과로하지는 마라.
여유를 가져라.
할 수 있는 것은 모두 하라.
그리고 일이 풀리게 놔두어라. 노먼 빈센트 필

우리는 자신에 대해 거짓말을 할 때 가장 큰 소리를 낸다. 에릭 호퍼

꼬리무는 명언집 '거짓말'로 이어집니다. ▶▶

거짓말 위한테 코끼리가 밟혀 죽는 것도 이 되는 세상

모호한 말은 거짓말의 시작이다. 서양속담

거짓말은 불행을 몰고 오는 여신의 기수이다. 장지로도

진실을 말할 용기가 부족한 사람은 거짓말을 한다. 캘빈 밀러

거짓말은 그 자체가 죄일 뿐만 아니라 정신까지도 더럽힌다. 플라톤

거짓말은 눈사람 같아서 오래 굴리면 그만큼 커진다. 제인 로터

진실이 신발을 신고 있는 동안에 거짓은 지구의 반을 갈 수 있다. 마크 트웨인

가장 나쁜 거짓말은 진실에 가까운 거짓말이다. 앙드레 지드

인생에서 무엇보다 어려운 것은 거짓말을 하지 않고 사는 것이다. 도스토옙스키

기억력이 좋지 않은 사람은 거짓말을 해선 안 된다. 미셸 드 몽테뉴

거짓말을 하지 말라.
부정직하기 때문이다.
모든 진실을 다 이야기하지 말라.
불필요하기 때문이다. 로저 애스컴

우리 자신에게 하는 거짓말이
남에게 거짓말을 하는 것보다
우리의 마음을 더욱 무겁게 짓누른다. 도스토옙스키

거짓 겸손은 거짓말 가운데 가장 불쾌감을 주지 않는 거짓말이다. 니콜라 상포르

꼬리무는 명언집 '겸손'으로 이어집니다. ▶▶

겸허한 사람은
손찌검 당할 일이 없다

재능이 칼이라면
겸손은 칼집이다. 후진타오

겸손이란 내가 생각하는 것이 반드시 옳은 것이 아니라는 겸손,
내가 가진 기준이 모든 이에게 적용되는 것이 아니라는 겸손,
내가 알고 있는 지식은 모든 지식의 극히 일부분이라는 겸손,
내가 상처 입은 상황이 모두 상대방의 잘못은
아닐 수도 있다는 겸손이다. 딕티비츠

윗사람에게 겸손한 것은 복종이요,
동료에게 겸손한 것은 예의요,
아랫사람에게 겸손한 것은 고귀한 미덕이다. 토머스 모어 경

겸손은 속옷 같다.
입더라도 보이지는 말아야 한다. 서양 속담

겸손은 모든 미덕 중 가장 이루기 힘든 것이다.
자신을 좋게 생각하려는 욕망만큼
잠재우기 어려운 욕망은 없기 때문이다. T. S. 엘리엇

인생은 겸손을 배우는 긴 수업이다. 제임스 배리

겸손이란 비굴함이 아니라
우리 자신을 과대평가하지 않는 신중함을 말한다. 나타니엘 크루

사치하면 교만이 싹트고
겸손하면 초라해질 수 있다.
교만한 것보다는
초라해지는 것이 낫다. 공자

겸손한 태도를 잃어버리지 마라.
다른 사람을 무시해서 득 될 것은 없다. 하워드 슐츠

꼬리무는 명언집 '태도'로 이어집니다. ▶▶

태양이 빛날 때 바로 보지 않는 것

도에 이르는 기본자세

내면의 태도를 바꿈으로써
삶의 외면도 바꿀 수 있다. 윌리엄 제임스

상황을 바꿀 수 없다면
상황에 반응하는 당신의 태도를 바꿔라. 팀 한셀

역대 최고의 발견은
사람이 단지 그의 태도를 바꿈으로써
그의 미래를 바꿀 수 있다는 것이다. 오프라 윈프리

무례함이란 약자가 강한 척하는 것이다. 에릭 호퍼

남을 이기는 방법의 하나는
예의범절로 이기는 것이다. 조쉬 빌링스

학벌이나 경력이 아닌 태도를 먼저 봐라. 도널드 트럼프

바른 태도를 가진 사람이
목표를 달성하는 것을 막을 수 있는 것은 없고,
그릇된 태도를 가진 사람을 도울 수 있는 것도 세상엔 없다. 토머스 제퍼슨

평소에 흔들림 없는 삶의 태도를 유지하는 것은
인생의 갖가지 어려움을 현명하게 대처하는 길이다. 앤드루 카네기

천한 직업이란 없다.
단지 천한 태도만 있을 뿐이다. 윌리엄 J. 브레넌 주니어

그저 살려고 태어난 게 아니다.
의미 있는 인생을 만들려고 태어난 것이다. 헬리스 브릿지스

꼬리무는 명언집 '인생'으로 이어집니다. ▶▶

인간 세상엔 편집이 없다

생 방송이니까

인생에서 원하는 것을 얻기 위한 첫 번째 단계는
내가 무엇을 원하는지 결정하는 것이다. 벤스타인

너무 소심하고 까다롭게
자가 행동을 고민하지 말라.
모든 인생은 실험이다.
더 많이 실험할수록 더 나아진다. 랠프 월도 에머슨

인생에서 실패한 사람 중 다수는
성공을 목전에 두고도 모른 채 포기한 이들이다. 토머스 에디슨

실패하면 일어날 수 있는 최악의 사태는 무엇일까.
그리고 '인생은 길다'는 사실을 항상 기억하라. 맥스웰 몰츠

인생에서 성공하는 비결 중 하나는
좋아하는 음식을 먹고 힘내 싸우는 것이다. 마크 트웨인

인생은 자전거를 타는 것과 같다.
균형을 잡으려면 움직여야 한다. 앨버트 아인슈타인

인생의 비극은 우리가 너무 일찍 늙고
너무 늦게 현명해진다는 것이다. 벤저민 프랭클린

인생이 무엇인지 알만하면
이미 인생의 절반이 지난 후다. 서양 속담

인생에 '실패'라는 것은 없다.
실패는 우리를 또 다른 방향으로 인도해 주는
삶의 한 부분일 뿐이다.
세상이 원하는 것이 무엇인지 묻지 말고
무엇을 할 때 가장 재미있는지 자문해라. 오프라 윈프리

인간답게 산다는 것

생각하며 사는 것

인생, 그건 너한테 달려 있는 것 같은데. Unknown

우리의 인생은 우리의 생각에 따라 만들어진다. 마르쿠스 아우렐리우스

인생이란 누구나 한 번쯤 시도해 볼 만한 것이다. 헨리 J. 틸만

인생은 한 권의 책과 흡사하다.
미련한 사람은 훌쩍훌쩍 읽어버리지만
현명한 사람들은 정성 들여 읽는다. 요한 보이에르

인생은 속도가 아니라 방향이다. 요한 볼프강 폰 괴테

인생은 가까이서 보면 비극이지만 멀리서 보면 희극이다. 찰리 채플린

이 인생에서는 마지막에 웃는 자가 가장 오래 웃는 자다. 존 메이스필스

만일 당신이 인생에서 성공을 원한다면
많은 것들과 친해져야 한다.
인내심을 당신의 소중한 친구로,
경험은 친절한 상담자로,
신중함은 당신의 형으로,
희망은 늘 곁에서 지켜주는 부모님처럼
친해져야 하는 것이다. J. 에디슨

인생이란 절대 공평하지 않다.
이 사실에 익숙해져라. 빌 게이츠

인생은 단 한 번뿐이다.
무사 안일하게 사는 것보다는 이 세상에서 무슨 일인가를
한번 이루기 위한 모험을 시도하는 것이 우리 인생에 걸맞다. 시어도어 루스벨트

꼬리무는 명언집 '시도'로 이어집니다. ▶▶

시골서 농사짓든가
도시 가서 창업하든가

승자는 한 번 더 시도해 본 패자다. 조지 무어 주니어

시도에 대한 최고의 보상은
더 많은 일을 할 수 있는 기회가 생긴 것이다. 요나스 솔크

특별한 성취는 누구도
시도한 적 없는 방법을 통해서만 가능하다. 프랜시스 베이컨

시도하지 않으면 아무것도 할 수 없다. 지그 지글러

시도해보지 않고는 누구도 자신이
얼마만큼 해낼 수 있는지 알지 못한다. 푸블리우스 시루스

어렵기 때문에 못 하는 것이 아니다.
감히 시도하지 못하기 때문에 어려운 것이다. 세네카

새로운 것을 배우고 뭔가 새로운 것을 시도해보라.
그리고 멋진 실수를 해라. 다니엘 핑크

실패하면 실망할지도 모른다.
그러나 시도도 안 하면 불행해진다. 비벌리 실스

시도한다고 해서 잃을 것은 없으며
성공하면 커다란 수확을 얻게 된다.
그러니 일단 시도해보라.
망설이지 말고 지금 당장 해보라. 윌리엄 클레멘트 스톤

우리에게 뭔가 시도할 용기가 없다면
삶이 도대체 무슨 의미가 있겠어. 빈센트 반 고흐

의사소통을 잘하려면 시간과 인내,
그리고 기꺼이 다시 시도해보려는 마음이 필요하다. 마리에타 맥카티

꼬리무는 명언집 '마음'으로 이어집니다. ▶▶

마음 마호환보다 무섭고

속보다 빠른 것

인간을 지배하는 것은 운명이 아니라 마음이다. 프랭클린 루스벨트

전혀 아무것도 할 수 없는 듯한 상황에서도
하려고 하는 마음만 있으면 자신을 변혁할 수 있고,
자기 세계를 바꿀 수 있다. 엘리너 루스벨트

마음은 겸손하고 소박하게 가져야 한다.
마음이 겸손하고 소박하면 곧 의리라는 것이 들어와 자리 잡는다.
그 마음속에 의리라는 것이 들어와 자리 잡으면
자연히 그 마음속에 허욕이라는 것이 들어가지 못한다. 채근담

그대의 마음을 웃음과 기쁨으로 감싸라.
그러면 천 개의 해로움을 막아주고 생명을 연장해 줄 것이다. 윌리엄 셰익스피어

따뜻한 마음을 잃으면 무엇보다도
자신의 인생이 외롭고 비참하게 된다. 카를 힐티

마음은 부드러워야 하고, 의지는 굽혀지지 않아야 한다. 헨리 워즈워스 롱펠로우

사람이 사람을 알 수 있는 것은 눈도 지성도 아닌 마음뿐이다. 서양 속담

마음을 편하게 가져라. 다 알아서 잘 될 것이다.
우리가 필요한 건 조금의 참을성뿐이다. 건로즈

너의 운명의 별은 너의 마음속에 있다. H. 쉴러

어디를 가든지 마음을 다해 가라. 공자

회개는 죄에 관한 생각의 변화요, 마음의 변화요, 삶의 변화다. 조이 도우슨

꼬리무는 명언집 '변화'로 이어집니다. ▶▶

변하지 않으면
화석이 된다

향상은 변화다. 완벽함은 잦은 변화에서 온다. 윈스턴 처칠

변화는 불가피하다. 변화는 계속된다. 벤저민 디즈레일리

살아남는 존재는 가장 강한 종도, 가장 지능이 높은 종도 아니다.
변화에 가장 잘 적응하는 종일뿐이다. 찰스 다윈

변화에서 가장 힘든 것은 새로운 것을 생각해내는 것이 아니라
이전에 가지고 있던 틀에서 벗어나는 것이다. 존 메이너드 케인즈

누군가의 인생에 근본적인 변화를 일으키는 것보다
더 큰 기쁨이나 보상은 없다. 매리 로즈 맥게디

변화를 유도하면 리더가 되고 변화를 받아들이면 생존자가 되지만,
변화를 거부하면 죽음을 맞게 된다. 레이노

모두가 세상을 변화시키려고 생각하지만,
정작 스스로 변하겠다고 생각하는 사람은 없다. 레프 톨스토이

아무것도 변하지 않을지라도 내가 변하면 모든 것이 변한다. 오노레 드 발자크

사람들은 시간이 상황을 변화시켜준다고 하지만,
실제로는 자기 자신이 상황을 변화시켜야만 한다. 앤디 워홀

정말 당신의 삶이 바뀌길 원한다면
당신을 에워싼 것부터 바꿔라. 앤드루 매튜스

웃음은 내적, 외적으로 놀라운 변화를 불러온다. Unknown

꼬리무는 명언집 '웃음'으로 이어집니다. ▶▶

웃음

웃고 살면

음지도 양지로 바뀝니다

웃음은 살 수도 없고, 빌릴 수도 없고,
도둑질할 수도 없는 것이다. 조엘 굿맨

인생에서 가장 의미 없이 보낸 날은 웃지 않고 보낸 날이다. E. E. 커밍스

우리는 행복하므로 웃는 것이 아니고 웃기 때문에 행복하다. 윌리엄 제임스

사람은 함께 웃을 때 서로 가까워지는 것을 느낀다. 윌리엄 제임스

웃음은 그 자체로 건강하다. 도리스 레싱

인생이 노래처럼 잘 흘러갈 때는 명랑한 사람이 되기는 매우 쉽다.
그러나 진짜 가치 있는 사람은 웃는 사람이다.
모든 것이 잘 안 흘러갈 때 웃는 사람 말이다. 엘리 휠러 윌콕스

웃지 않는 사람은 은행에 백만 달러를 저금해 놓고
쓰지 않는 사람과 같다. 윈스턴 처칠

웃음없는 하루는 낭비한 하루다. 찰리 채플린

힘들 때 우는 건 삼류,
힘들 때 참는 건 이류,
힘들 때 웃는 건 일류다. 윌리엄 세익스피어

웃음은 인류로부터 겨울을 몰아내 주는 태양이다. 마크 트웨인

웃음 는 소리는 치가내도 아름답다

당신이 현명 하다면 웃어라. M. V. 마르티알리스

웃는 얼굴은 화살도 피해 간다. 일본속담

웃음은 마음의 치료제일 뿐만 아니라 몸의 미용제이다.
당신은 웃을 때 가장 아름답다. 칼조세프쿠쉘

웃음은 좋은 피를 만든다. 이탈리아속담

웃으면 세상이 함께 웃고 울면 질병이 따라 웃는다. 르네뒤보

당신이 웃고 있는 한 위궤양은 악화하지 않는다. 패티우텐

웃음은 마음의 조깅이고 내장 마사지다. 미국속담

웃음은 강장제이고, 안정제이며, 진통제이다. 찰리 채플린

하루 15초만 웃어도 이틀 더 산다. 볼 메모리얼 병원

웃을 수 있을 때 언제든 웃어라.
값싸지만 좋은 보약이다. 바이런경

이 세상에서 가장 가난한 사람이 누구인지 아는가.
그것은 웃음이 없는 사람이다. 지그지글러

웃음은 의사에게 지급해야 할 돈을 줄이는 것이기 때문에
우리 호주머니에 있는 돈과 같다. 오쇼라즈니쉬

꼬리무는 명언집 '돈'으로 이어집니다. ▶▶

돈의 받침하나 바꾸면
독이 된다는 것 아시죠?

세상에는 단순히
돈이 많은 사람이 있는가 하면,
부유하게 살 줄 아는 사람이 있다. 코코 샤넬

돈지갑이 주름지면 얼굴도 주름진다.
지갑이 무거워지면 마음은 가벼워진다. 영국 속담

돈이 말할 때는 진실은 입을 다문다. Unknown

돈은 좇을수록 손에 쥐기 손에 쥐기 힘들어진다. 마이크 테이텀

돈을 빌리러 가는 것은 자유를 팔러 가는 것이다. 벤저민 프랭클린

돈으로 친구를 살 수는 없지만
돈으로 더 나은 부류의 적을 얻을 수는 있다. 스파이크 밀리건

부가 늘어나는 사람은 걱정도 늘어난다. 벤저민 프랭클린

돈은 인간을 자유롭게 하지만
지나친 재산은 사람을 노예로 만든다. 프레드리히 니체

사랑에 관해서는 낭만적일 수 있지만
돈에 관해서는 낭만적이어서는 안 된다. 버나드 쇼

돈을 너무 가까이 하지 마라.
돈에 눈이 멀어진다.
돈을 너무 멀리하지 마라.
처자식이 천대받는다. 탈무드

돈 나무가 있다해도
잘 키우지 않는다면 돈 구경하기 어렵다

강물도 쓰면 준다. 한국속담

버는 것보다 적게 쓰는 법을 안다면
현자의 돌을 가진 것과 같다. 벤저민 프랭클린

돈을 처음 만드는 것은 은행이지만,
오래 쓰는 것은 당신의 몫이다. 에반 에사르

한 푼 아낀 것은 한 푼 번 것이나 마찬가지다. 벤저민 프랭클린

돈과 관련해서, 쉽게 사는 방법은
생활 수준을 형편보다 한 단계 낮추는 것이다. 헨리 테일러 경

돈은 바닷물과 같다.
그것을 마시면 마실수록 목이 말라진다. 쇼펜하우어

낭비가 없으면 부족함도 없다. 서양속담

절약은 그 자체가 큰 수입이다. 키케로

돈이 수중에 들어오기 전까진 절대로 쓰지 마라. 토머스 제퍼슨

돈은 바라는 사람에게 모이지 않고
아끼는 사람에게 자연히 모여든다. 한국속담

돈의 가치를 알고 싶다면 꾸러 가 보라. 벤저민 프랭클린

돈에 대한 욕심이 만악萬惡의 근원이라 한다.
돈의 결핍도 마찬가지다. 새뮤얼 버틀러

꼬리무는 명언집 '욕심'으로 이어집니다. ▶▶

욕쟁이 할머니 따라한다고

심하게 욕질하다 손님 다 떨어졌다

욕심이 적으면 작을수록 인생은 행복하다.
이 말은 낡았지만 결코 모든 사람이
다 안다고 할 수 없는 진리이다. 레프 톨스토이

큰 집 천간이 있다고 해도 밤에 눕는 곳은 여덟 자뿐이요,
좋은 논밭이 만 경이나 되어도 하루 먹는 것은 두 되뿐이다. 명심보감 성심편

욕심이 있으면 참된 강함은 없는 것이다.
사람이란 욕심이 있게 되면 반드시 그 욕심에 끌려서
자기의 지조를 잃게 되기 때문이다. 근사록

새 두 마리를 한데 묶어보라.
네 개의 날개를 갖는다고 하더라도 날지 못할 것이다. 수피

탐욕은 일체를 얻고자 욕심내어서 도리어 모든 것을 잃어버린다. 몽테뉴

우리의 인생 뒤에 남는 것은
우리가 모은 것이 아니라 우리가 준 것이다. 제라르 헨드리

올바른 자는 자기의 욕망을 조정하지만
올바르지 않은 자는 욕망에 조정 당한다. 탈무드

욕심이 화를 부른다는 말이 있듯이 만족할 줄 알면 즐거울 수 있고,
탐욕에만 힘쓰면 근심할 것이다. 명심보감

재산보다는 희망을 욕심내자.
어떤 일이 있어도 희망을 포기하지 말자. 세르반테스

욕심은 죄를, 신뢰는 인내와 성실을 낳는다. 성경

꼬리무는 명언집 '신뢰'로 이어집니다. ▶▶

신의를 저버리면
뢰 성벽력을 맞는다

사업은 망해도 괜찮아.
대신 신용을 잃으면 그걸로 끝이야. 정주영

한 번 신용을 얻으면 앞길은 저절로 열린다. 버크

신용이 황금보다 낫다. 서양 속담

자기 신뢰는 성공의 첫 번째 비밀이다. 랠프 월도 에머슨

신뢰는 유리 거울 같은 것이다.
한번 금이 가면 원래대로 하나가 될 수는 없다. 헨리 프레데릭 아미엘

자신을 신뢰하는 사람만이
다른 사람들에게 성실할 수 있다. 에릭 프롬

사람들이 진심으로 서로 신뢰할 때 속도가 생긴다. 에드워드 마셜

신뢰받는 것은
사랑받는 것보다 더 큰 영광이다. G. 맥도널드

자기 신뢰란
내가 무엇이 중요한지를 알고 있다고 믿고,
그것을 향해 나아가는 것이다. 리처드 브로디

자신을 믿어라.
자기 능력을 신뢰하라.
겸손하지만 합리적인 자신감 없이는
성공할 수도, 행복할 수도 없다. 노먼 빈센트 필

꼬리무는 명언집 '자신감'으로 이어집니다. ▶▶

자꾸
신이 나고 힘이 솟는다
감전된 것처럼!

자신감은 위대한 과업의 첫째 요건이다. 새뮤얼 존슨

자신감은 언제나 성공의 첫 번째 비결이 되어 왔다. 마크 트웨인

열등감을 느끼는 것은 자신이 그것에 동의했기 때문이다. 프랭클린 루스벨트

집중력은 자신감과 갈망이 결합하여 생긴다. 아놀드 파머

자부심은 작은 사람들을 위한 신의 선물이다. 브루스 바튼

쉬운 일을 어려운 일처럼,
어려운 일을 쉬운 일처럼 대하라.
전자는 신뢰가 잠들지 않게,
후자는 자신감을 잃지 않기 위해서다. 발타사르 그라시안

어떤 일을 달성하기로 결심했으면
그 어떤 지겨움과 혐오감도 불사하고 완수하라.
고단한 일을 해낸 데서 오는 자신감은 실로 엄청나다. 아놀드 베넷

나는 힘과 자신감을 찾아 항상 바깥으로 눈을 돌렸지만,
자신감은 내면에서 나온다. 자신감은 항상 그곳에 있다. 안나 프로이드

나 자신에 대한 자신감을 잃으면 온 세상이 나의 적이 된다. 랠프 월도 에머슨

절대로 고개를 떨구지 말라.
고개를 치켜들고 세상을 똑바로 바라보라. Unknown

담대해라. 그러면 어떤 큰 힘이 당신을 도와주기 시작할 것이다. 베이실 킹

승부에서 지는 것은 슬픈 일이지만
그로 인해 자신감을 잃는다면 그것은 더 큰 비극이다. 조 패터노

꼬리무는 명언집 '승부'로 이어집니다. ▶▶

승자도 패자도

부끄럽지 않은 페어플레이

사람은 패배를 위해 창조되지 않았다. 어니스트 헤밍웨이

승자가 즐겨 쓰는 말은 '다시 한번 해보자'이고
패자가 즐겨 쓰는 말은 '해봐야 별수 없다'이다. 탈무드

승자는 시간을 관리하며 살고
패자는 시간에 끌려 산다. J. 하비스

승자는 실행하는 사람이고
패자는 실행을 모르는 사람이라는 것이다. 앤서니 로빈스

승자는 책임지는 태도로 살며,
패자는 약속을 남발한다. 유태경전

승리하는 사람은 주변 사람에게서
전문가로 인정받을 때
얼마나 더 배워야 하는지 알고 있다.
실패하는 사람은 자신의 미약한 지식수준을
인지하기도 전에 주변 사람들로부터
전문가로 인정받기를 원한다. 시드니 해리스

승자는 패자보다 훨씬 많은 실수를 저지른다.
그것이 바로 그들이 이길 수 있는 비결이다. 앤드류 매튜스

승자의 조건은 타고난 재능이나 높은 지능이 아니다.
승자의 조건은 소질이 아니라 태도다.
태도야말로 성공의 잣대다. 데니스 웨이틀리

인간은 살아있기 위해
무언가에 대한 열망을 간직해야 한다. 마가렛 딜란드

꼬리무는 명언집 '열망'으로 이어집니다. ▶▶

열망

대만 때리고 싶다
언하는 일본인들

우리의 열망이 우리의 가능성이다. 새뮤얼 존슨

모든 성취의 출발점은 열망이다.
이를 명심하라.
약한 불이 미약한 열기를 주듯
약한 열망은 미약한 결과를 안겨준다. 나폴레온힐

당신이 정말로 무언가를 원한다면,
당신은 길을 발견할 것이다.
당신이 원하는 것이 아무것도 없다면,
당신은 변명을 발견할 것이다. 벤저민 디즈레일리

간절한 열망이 꿈을 실현하게 한다.
인간에게 꼭 필요한 특징은
진보할 수 있다는 자신감이다. 존피스크

이기고자 하는 의지와
성공하고자 하는 열망,
완전한 잠재력에 도달하려는 충동,
이것들이 개인적 탁월함에 이르는
문을 여는 열쇠다. 에디 로빈슨

무언가를 열렬히 원한다면
그것을 얻기 위해
전부를 걸 만큼의 배짱을 가져라. 브렌단 프랜시스

열망을 실현하기 위해
명확한 계획을 세우고 즉시 시작하라.
준비가 됐건 아니건,
이 계획을 실행에 옮겨라. 나폴레온힐

꼬리무는 명언집 '계획'으로 이어집니다. ▶▶

계산 없이 덤비면 획 시간만 간다

계획을 세워놓는 일만으로
이끌어낼 수 있는 일은 하나도 없다. 르 위킹

하루의 계획이 없는 사람은
시작도 하기 전에 길을 잃고 헤맨다. 루이스 K. 벤델

깨어지고 살찌고 게으르거나 멍청해지려고
계획을 세우는 사람은 아무도 없다.
다만, 계획이 없는 사람에게 나타나는 결과들이다. 래리 윙겟

계획 없이 산다는 것은 실패할 계획을 세운 것과 마찬가지다. 마크 휴즈

수정을 용납하지 않는 계획은 나쁜 계획이다. 퍼블릴리어스 사이러스

지금 적극적으로 실행되는 괜찮은 계획이
다음 주의 완벽한 계획보다 낫다. 조지 S. 패튼

계획은 즉각적으로 열심히 수행되지 않으면
그저 좋은 의도에 지나지 않는다. 피터 드러커

계획은 현실로 바꾸었을 때보다
한창 추진해 가고 있을 때가 더 행복한 것이다. 앤드류 매튜스

만약 당신이 자신의 인생 계획을 만들지 않으면
다른 사람의 인생 계획에 들어가게 될 것이다. 짐 론

작은 계획을 세우지 마라.
작은 계획에는 사람의 피를 끓게 할 마법의 힘이 없다.
큰 계획을 세우고 소망을 원대하게 하여 일하라. 다니엘 H. 번햄

꼬리무는 명언집 '일'로 이어집니다. ▶▶

일 많으면 여왕개미가 부럽고
일 없으면 일개미가 부럽다

인생의 일을 발견한 사람은 행복하다.
다른 행복을 찾을 필요가 없기 때문이다. 칼라일

일을 즐기면 일의 완성도가 높아진다. 아리스토텔레스

좋아서 하는 일은 이미 반을 이룬 셈이다. 서양속담

억지로 하는 것에 쉬운 일은 아무것도 없다. 토머스풀러

가장 중요한 것은 자신이 사랑하는 일에 뛰어들어야 한다는 것이다.
그래야 빨리 배울 수 있기 때문이다. 도널드 트럼프

더 잘게 나누면 그 어떤 일도 절대 힘들지 않다. 헨리포드

효율성이란 일을 올바르게 하는 것이고
효과성이란 올바른 일을 하는 것이다. 피터드러커

완벽함이 아니라 탁월함을 위해서 애써라. 잭슨 브라운 주니어

다른 사람들이 할 수 있거나 할 일을 하지 말고,
다른 사람들이 할 수 없고 하지 않을 일을 하라. 아멜리아 에어하트

당신이 어떤 일을 해낼 수 있는지 누군가가 물어보면 대답해라.
"물론이죠."
그다음 어떻게 그 일을 해낼 수 있을지 부지런히 고민하라. 시어도어 루스벨트

때때로 손에서 일을 놓고 휴식을 취해야 한다.
쉼 없이 일에만 파묻혀 있으면 판단력을 잃기 때문이다. 레오나르도 다빈치

열심히 일할수록 나는 운이 좋아진다. 제임스 터버

꼬리무는 명언집 '운'으로 이어집니다. ▶▶

운
빨이 없다고 실망마라

언제 어디서 들이 닥칠지 모르니까!

운은 계획에서 비롯된다. 브랜치 리키

행운과 사랑은 용감한 사람들을 편애한다. 오비디우스

용감한 마음은 불운을 끊어 버린다. 세르반테스

행운은 100퍼센트 노력한 뒤에 남는 것이다. 랭스턴콜만

행운이란 준비와 기회가 만났을 때 나타난다. 세네카

행운은 마음의 준비가 있는 사람에게만 미소 짓는다. 루이파스퇴르

행운이란 기회를 알아보는 감각이며
그것을 이용하는 능력이다. 새뮤얼 골드윈

행운은 재미로 어리석은 자를 먼저 찾아가
그들을 요행의 수레에 던질 수 있다. 유베날리우스

지금 운이 나쁘면 다음엔 좋다. 서양속담

스스로 운이 나쁘다고 생각하지 않는 한 나쁜 운이란 없다. 정주영

우리는 행운을 믿어야 한다.
안 그러면 어떻게 우리가 좋아하지 않는 이들의
성공을 설명할 수 있나? 장콕토

행운은 준비된 사람을 더 좋아한다. 서양속담

꼬리무는 명언집 '준비'로 이어집니다. ▶▶

준비 말의 범람은

속한 사회로 가는 첫걸음이다

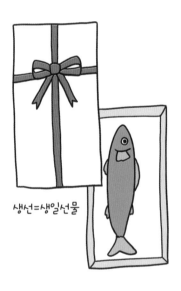

생선=생일선물

기회보다 준비가 먼저다.
기회를 바란다면 그보다 먼저 기회를 준비하라. Unknown

관찰에 있어서는 준비된 자에게만 기회가 온다. 루이 파스퇴르

위대한 것은 갑자기 이루어지지 않는다. 에픽테토스

발견은 준비된 사람이 맞닥뜨린 우연이다. 아이작 뉴턴

실천은 생각에서 나오는 것이 아니라
책임질 준비를 하는 데서 나온다. 디트리히 본회퍼

대학 졸업장은
한 인간이 완성품이라는 증명이 아니라,
인생의 준비가 되었다는 표시이다. 에드워드 말로이

오늘 누군가가 그늘에 앉아 쉴 수 있는 이유는
오래전에 누군가가 나무를 심었기 때문이다. 워런 버핏

강가에서 물고기를 보고 탐내는 것보다
돌아가서 그물을 짜는 것이 옳다. 예약지

나무 베는데 한 시간이 주어진다면,
도끼를 가는데 45분을 쓰겠다. 에이브러햄 링컨

준비에 실패하는 것은
실패를 준비하는 것이다. 벤저민 프랭클린

꼬리무는 명언집 '실패'로 이어집니다. ▶ ▶

실수를 반복하고도 반성이 없다면 패가 망신할 것이다

많은 사람이 재능의 부족보다 결심의 부족으로 실패한다. 빌리 선데이

사람은 실패가 아닌 성공하기 위해 태어났다. 헨리 데이비드 소로우

성공하기까지는 항상 실패를 거친다. 미키 루니

우리 모두 살면서 몇 번의 실패를 겪는다.
이것이 바로 우리를 성공할 수 있도록 준비시킨다. 랜디 멀홀랜드

승리하면 조금 배울 수 있고, 패배하면 모든 것을 배울 수 있다. 크리스티 매튜슨

가장 큰 영광은 한 번도 실패하지 않음이 아니라
실패할 때마다 다시 일어서는 데에 있다. 공자

실패는 우리가 어떻게 실패에 대처하느냐에 따라 정의된다. 오프라 윈프리

실패는 또 다른 시작을 위한 기회다.
이번에는 전보다 현명한 시작이 될 것이다. Unknown

실패는 우회로일 뿐 막다른 길이 아니다. 지그 지글러

실패란 넘어지는 것이 아니라
넘어진 자리에 그대로 머무는 것이다. 메리 픽포드

실패는 잊어라. 그러나 그것이 준 교훈은 절대 잊으면 안 된다. 허버트 개서

실패란 더 현명하게 다시 시작할 수 있는 기회다. 헨리 포드

꼬리무는 명언집 '기회'로 이어집니다. ▶▶

기적을 만드는
회 심의 찬스

작은 기회로부터 종종 위대한 업적이 시작된다. 데모스테네스

위대한 사람은 기회가 없다고 원망하지 않는다. 랠프 월도 에머슨

기회는 반드시 찾아온다.
실력 없는 자에겐 잠자고 있을 때 오고,
실력 있는 자에겐 눈을 부릅뜨고 있을 때 온다. 리빙스턴

신중하지 않으면 찾아온 기회를 놓치기 일쑤이다. 퍼블릴리어스 사이러스

사람들이 대개 기회를 놓치는 이유는
기회가 작업복 차림의 일꾼 같아 일로 보이기 때문이다. 토마스 에디슨

기회는 없어지지 않는다.
당신이 놓친 것은 다른 사람이 잡는다. Unknown

기회는 새와 같은 것, 날아가기 전에 꼭 잡아라. 쉴러

누구든지 기회가 없었던 것은 아니다.
다만 그것을 적시에 포착할 수 없었을 뿐이다. 데일 카네기

큰일을 할 때에 있어서는 기회를 만들어 내기보다는
눈앞의 기회를 잡도록 힘써야 한다. 라 로슈푸코

현명한 사람은 기회를 찾지 않고 기회를 창조한다. 프랜시스 베이컨

반드시 또 다른 기회가 있다. 서양 속담

위기 땐 살아남는 게 최고 경영이다. 로버트 조스

꼬리무는 명언집 '경영'으로 이어집니다. ▶▶

경제를 살리면
영웅 된다

경영이란 바로 다른 이들에게 동기를 부여하는 일이다. 리 아이아코카

돈을 위해 당신의 일을 돕는 사람을 고용하기보다는
그 일을 사랑하는 사람을 고용하라. 헨리 데이비드 소로우

돈을 버는 것은 예술이고, 일하는 것도 예술이며,
훌륭한 사업이야말로 가장 뛰어난 예술이다. 앤디 워홀

사업의 비결은 다른 사람들은 아무도 모르고 있는
무엇인가를 아는 것이다. 아리스토틀 오나시스

기업이 트렌드를 읽는다고 해서 100% 성공할 수는 없지만
트렌드를 읽지 못하면 100% 실패는 보장할 수 있다. 피터 드러커

품질이 물량보다 더 중요하다.
한 번의 홈런이 두 번의 2루타보다 낫다. 스티브 잡스

승부수를 띄워 새로운 흐름을 만들어라. 프리드리히 헨델

남의 이익에 신경 써야 한다.
분배되지 않는 이익은 결코 오래 가지 않는다. 볼테르

사업하다 생긴 우정이 우정으로 하는 사업보다 낫다. 존 록펠러

미소 짓는 법을 알기 전까지는 가게 문을 열지 마라. 유대속담

명성을 쌓는 데는 20년이란 세월이 걸리며,
명성을 무너뜨리는 데는 채 5분도 걸리지 않는다.
그걸 명심한다면, 당신의 행동이 달라질 것이다. 워런 버핏

꼬리무는 명언집 '명성'으로 이어집니다. ▶▶

명 예를 부르는
성 스러운 이름

훌륭한 명성은 재물에 비할 바 아니다. 퍼블릴리어스 사이러스

명성을 잃을 때까지는
그것이 얼마나 무거운 짐인지 결코 깨닫지 못한다. 마가릿 미첼

삶에 있어서
첫 번째로 어려운 것은 명성을 얻는 것이며
다음에는 생전에 그것을 유지하는 것이고
마지막은 죽은 후에 그것을 보존하는 것이다. B. R. 헤이든

평판이란 남이 아는 당신 모습이다.
명예는 당신 자신이 아는 자신의 모습이다. 로이스 맥마스터 부욜

당신이 가질 수 있는 보물 중 좋은 평판을 최고의 보물로 생각하라.
명성은 불과 같아서 일단 불을 붙이면 그 불꽃을 유지하기 쉽지만
꺼뜨리고 나면 다시 그 불꽃을 되살리기가 정말 힘들기 때문이다.
좋은 평판을 쌓는 방법은 당신이 보여주고 싶어 하는 이미지를
갖추기 위해 노력하는 것이다. 소크라테스

명예롭지 못한 성공은 양념하지 않은 요리와 같은 것.
그건 배고픔을 면하게 해주지만 맛은 없을 것이다. 조 파테어노

너에게 명예가 찾아오면 기꺼이 받으라.
그러나 가까이 있기 전에는 붙잡으려고 손을 내밀지 말라. 오라일리

명예는 나눈다고 줄어드는 것이 아니다. 로이스 맥마스터 부욜

명예를 얻고자 한다면 계율을 지키고,
재물을 얻고자 한다면 보시를 하고,
덕망을 높이고자 한다면 진실한 삶을 살고,
좋은 벗을 얻고자 한다면 먼저 은혜를 베풀어라. 잡아함경

꼬리무는 명언집 '은혜'로 이어집니다. ▶ ▶

은 수저로 베풀면 금수저로 돌아오는
혜 시의 법칙!

*혜시(惠施) : 은혜로 무엇을 베풂

은혜를 갚는 것보다 더한 의무는 없다. 키케로

은혜를 모르는 사람은 구멍 난 통과 같다. 로마 격언

하루 한 번 자신이 받은 모든 은혜에 감사하라.
그러면 은혜가 끊이지 않을 것이다. 죠셉 머피

은혜를 베풀거든 그 보답을 구하지 말고,
남에게 주었거든 뒤돌아보며 뉘우치지 마라.
은혜를 베푸는 자는 그것을 감추어라.
은혜를 받는 자는 그것을 남이 알게 하라. 명심보감

남에게 베푼 이익을 기억하지 말라.
남에게 받은 은혜를 잊지 말라. 바이런

받은 상처는 모래에 기록하고
받은 은혜는 대리석에 새기라. 벤저민 프랭클린

상처는 잊어라.
은혜는 절대 잊지 마라. 공자

은혜와 의리를 널리 베풀어라.
사람이 살아가노라면 어디에서건 만나지 않으리. 경행록

은혜를 베풀면,
혀끝의 독毒도 감사로 변한다. 발타자르 그라시안

과거의 은혜를 회상함으로 감사는 태어난다.
감사는 고결한 영혼의 얼굴이다. T. 제퍼슨

꼬리무는 명언집 '감사'로 이어집니다. ▶▶

감사의 말을 하는 것이
가장 먼저 해야 할 의무다. 제임스 앨런

감사는 마음의 기억이다. 서양 속담

마음에 감사함을 심는 것은
절대로 헛수고가 아니다.
감사를 심으면 보상을 얻기 때문이다. 바실

감사는 정중함의 가장 아름다운 표현이다. 자크 마리탱

선한 봉사의 씨앗을 뿌려라.
감사의 기억들이 이 씨앗을 자라게 할 것이다. 마담 드 스탈

감사는 결코 졸업이 없는 과정이다. 발레리 앤더스

감사하는 마음은 최고의 미덕일 뿐 아니라
모든 미덕의 어버이다. 제임스 앨런

행복한가 그렇지 못한가는
결국 우리 자신에게 달려 있고,
행복은 바로 감사하는 마음이다. 서양 속담

내 신체에 감사하는 것이
자신을 더 사랑하는 열쇠임을
비로소 깨달았습니다. 오프라 윈프리

꼬리무는 명언집 '신체'로 이어집니다. ▶▶

신
수가 훤하려면
체
력단련은 필수

신성한 것이 있다면
바로 인간의 몸이 신성하다. 월트 위트먼

모든 사람은 자기 몸이라는
신전을 짓는 건축가이다. 헨리 데이비드 소로우

건강한 신체에 건전한 정신이 깃든다는 말은
이 세상에서 행복한 상태를 간결하게,
그러나 충분히 묘사한다. 존 로크

당신의 신체 언어가 자기 모습을 결정한다. 에이미 커디

몸을 잘 돌보고 조심 있게 다루라.
사람의 몸은 여분이 없다.
그러니 평소 부지런히 운동도 하고
잘 먹어 두어야 한다. 앤드류 매튜스

장을 비워야 오래 산다.
장을 비우지 않으면 온몸이 운다. 고다 미쓰오

눈은 어디서나 하나의 언어를 갖는다. Unknown

눈은 마음의 거울이다. 서양속담

건강한 몸은 정신의 전당,
병든 몸은 감옥이다. 베이컨

몸을 건강히 유지하는 것은
나무와 구름을 비롯한 모든 것,
즉, 전 우주에 대한 감사의 표시다. 틱낫한

꼬리무는 명언집 '건강'으로 이어집니다. ▶▶

건 투를 빕니다

강 해지세요

건강한 몸을 지닌 자가 아니고서는
좋은 부모, 좋은 자식, 좋은 이웃이 되기 어렵다. 페스탈로치

건강한 이에게는 하루하루가 축제다. 터키속담

건강이 재산보다 낫다. 서양속담

건강한 사람은 건강을 모르고 병자만이 이를 안다. 카알라일

건강의 시작은 병을 아는 것이다. 세르반테스

운동은 하루를 짧게 하지만 인생은 길게 해준다. 조스린

칼로 의해 죽는 사람들보다는
과식과 과음으로 죽는 사람들이 더 많다. 윌리엄 오슬러

수명을 늘리려면 식사를 줄여라. 동의보감

어리석은 일 중에 가장 어리석은 일은
이익을 얻기 위해 건강을 희생하는 것이다. 쇼펜하우어

건강 서적을 읽을 때 조심하라.
오타로 죽을 수도 있다. 마크트웨인

거창한 건강 계획을 세우기보다는
가장 손쉬운 걷는 것부터 생활하는 게 바람직하다.
걷기는 건강이라는 궁전으로 들어가는 대문과도 같다. 이상용

꼬리무는 명언집 '걷기'로 이어집니다. ▶ ▶

걷고 또 걸으면
기 적처럼 뛸 수 있다

가볍게 걷는 자가 멀리 간다. 중국속담

내 다리가 움직이기 시작하면 내 생각도 흐르기 시작한다. 헨리 데이비드 소로우

진정 위대한 모든 생각은 걷기로부터 나온다. 프레드리히 니체

걷는다는 것은 자신의 길을 되찾아 가는 것이고
가장 우아하게 시간을 잃는 것이다. 다비드 르브르통

걷기는 인간의 오래된 본능적 행위로
모든 움직임에 있어 가장 기본적인 동작이다.
사람은 직립 이족보행을 시작하면서부터
송곳니가 퇴화하였고 이어 뇌가 발달한 것으로 본다. 바바 하시오

좋은 약을 먹는 것보다 좋은 음식을 먹는 게 낫고,
좋은 음식을 먹는 거보다 걷는 게 더 좋다. 허준

최고의 약은 바로 걷는 것이다. 히포크라테스

걷기는 최고의 운동이다.
멀리 걷기를 습관화하라. 토머스 제퍼슨

하늘을 날거나 물 위를 걷는 것이 기적이 아니라
우리가 땅을 딛고 걷는 것이 기적이다. 중국속담

걸어서 행복해져라. 걸어서 건강해져라.
우리의 나날을 연장하는 즉, 오래 사는 최고의 방법은 끊임없이
그리고 목적을 갖고 걷는 것이다. 찰스 디킨스

꼬리무는 명언집 '목적'으로 이어집니다. ▶▶

목 구멍이 포도청이라면서
적 당히 하면 되겠어?

사람이 위대한 것은 목적을 가졌기 때문이 아니라
목적에 이르는 과정에서 겪는 변화 때문이다. 랠프 월도 에머슨

할 수 있는 능력이 있는데도 불구하고
당신이 원하는 발전을 이루고 있지 못한다면
그것은 당신의 목적이 분명하지 않기 때문이다. 폴 메이어

성공의 비결은 목적이 변하지 않는 데 있다. 디즈레일리

달성하겠다고 결심한 목적을
단 한 번의 패배 때문에 포기하지는 말라. 셰익스피어

위대한 이들은 목적을 갖고
그 외의 사람들은 소원을 갖는다. 워싱턴 어빙

계획이 실패하는 이유는 목적이 없기 때문이다.
어느 항구로 가야 할지 모른다면
제아무리 순풍이 불어도 소용이 없다. 세네카

항구에 정박해 있는 배는 안전하다.
그러나 배는 항구에 묶어 두려고 만든 것이 아니다. 존 쉐드

달을 향해 나아가라.
달에 미치지 못하더라도 별들 사이에 있게 될 것이다. 진 시몬즈

목적 없는 나날이 계속되다 보면 결국 생활이 무너지게 된다. 데일 카네기

목적 없는 공부는 기억에 해가 될 뿐이며,
머릿속에 들어온 어떤 것도 간직하지 못한다. 레오나르도 다빈치

꼬리무는 명언집 '공부'로 이어집니다. ▶▶

공짜로 성공하겠다는 건

부질없는 욕심이다

날 때부터 현명하고 유식한 사람은 없다. 서양속담

공부하는 과정은 눈에 보이지 않지만
살아가는 데 있어 대단히 중요한 지혜라는 것이 만들어진다.
이 지혜가 만들어지는 한 공부한 것을 잊어버린다고 해도
그 가치는 여전한 것이다.
많이 배우고 많이 잃어버려라.
그리고 다시 많이 배워라. 히로나카 헤이스케

학문의 목적은 음식이 기력을 돕는 피가 되듯
지식을 자신의 사상으로 만드는 데 있다. 제임스 브라이스

학문의 최대의 적은 자기 마음속에 있는 유혹이다. 윈스턴 처칠

학문을 하면서 그것으로 인해 이름을 얻고자 하는 생각이
조금이라도 있다면 그것은 이미 거짓이 된다. 근사록

교활한 사람은 학문을 경멸하고,
단순한 사람은 학문을 찬양하며,
현명한 사람은 학문을 이용한다. 프랜시스 베이컨

현재가 과거와 다르길 바란다면 과거를 공부하라. 바뤼흐 스피노자

때맞춰 면학에 힘써라.
세월은 사람을 기다리지 않는다. 도잠

학문에는 왕도가 없다. 유클리드

아이 교육은 공부하고 싶은 마음과 흥미를
북돋워 주는 것이 가장 중요하다.
그렇지 않으면 책을 등에 진 당나귀를 기르는 꼴이 된다. 몽테뉴

꼬리무는 명언집 '교육'으로 이어집니다. ▶▶

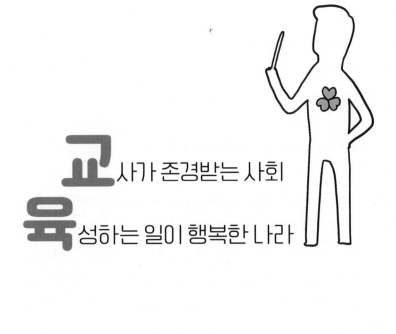

교사가 존경받는 사회

육성하는 일이 행복한 나라

교육이 사람을 만든다. J. 코던

교육의 목적은
기계를 만드는 것이 아니라
인간을 만드는 데 있다. 장자크루소

교육은 천성보다 중요하다. Unknown

교육은 정신력을 증대시킨다. 서양속담

교육받지 않으면
이 세상에 출생하지 아니함만 못하다.
왜냐하면 무식은
불행의 근원이기 때문이다. 플라톤

교육은 그대의 머릿속에
씨앗을 심어주는 것이 아니라
그대의 씨앗들이 자라나게 해준다. 칼릴지브란

교육이 거둘 수 있는
최고의 성과는 관용이다. 헬렌 켈러

교육이 신사를 만들기 시작하고,
대화는 신사를 완성한다. 토머스 풀러

교육은 모르는 것을
알게 하는 것이 아니고,
행하게 하는 것이다. J. 러스킨

 직자에겐

교육

고기도 봉투도 참으시고
마음만 드리세요

가르친다는 것은
두 번 배우는 것이다. 주베르

어떤 것을 완전히 알려거든
그것을 다른 이에게 가르쳐라. 트라이언 에드워즈

교육이란 사실을 가르치는 것이 아니라
생각하는 힘을 길러주는 것이다. 앨버트 아인슈타인

교육의 목적은
비어 있는 머리를
열려 있는 머리로
바꾸는 것이다. 말콤 포브스

생각하는 것을
가르쳐야 하는 것이지
생각한 것을
가르쳐서는 안 된다. 걸럿트

사고를 하는 것을 훈련하는 것,
그것이 교육의 본질이다. 앨버트 아인슈타인

교육은 양날의 칼과 같다.
제대로 다루지 못하면
위험한 용도로 쓰일 수 있다. 우팅팡

식물은 재배함으로써 자라고
인간은 교육함으로써 사람이 된다. 장자크루소

교육은 노년기를 위한
가장 훌륭한 대책이다. 아리스토텔레스

교직에 계신 분들 중에
육지와 섬을 가리지 않고
헌신적으로 가르치는 참된
선생님도 많습니다

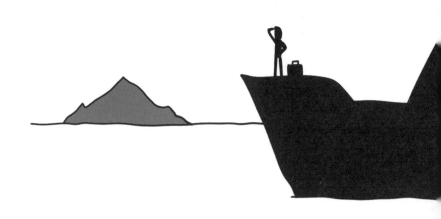

자식 키우기란
자녀에게 삶의 기술을 가르치는 것이다. 벤저민 프랭클린

자녀에게 가르치는 가장 좋은 방법은
스스로 본을 보이는 것이다. 탈무드

아버지 한 명이 교장 선생님 백 명보다 낫다. 서양속담

더 많이 준다고 아이를 망치는 게 아니다.
충돌을 피하려고 더 많이 주면 아이를 망친다. 존그레이

늙은 수탉이 우는 소리를
어린 수탉이 따라 배운다. 서양속담

말을 아끼는 훈련,
자녀에게 침묵하는 법을 가르쳐라.
말하는 것은 쉽게 배워버린다. 벤저민 프랭클린

돈에 관해 자식을 교육하는
가장 손쉬운 방법은
그 부모가 돈이 없는 것이다. 캐서린화이트혼

부모의 장기적인 시야가
자녀의 꿈을 결정짓는 중요한 요소가 된다. 루이파스퇴르

만약 당신의 아들딸에게
단 하나의 재능만을 줄 수 있다면
열정을 주어라. 브루스바튼

꼬리무는 명언집 '열정'으로 이어집니다. ▶▶

열 번 찍어봤으면
한 번 더 해봐

정 말 놀라운 일이
벌어질거야

이 세상에 열정 없이
이루어진 위대한 것은 없다. 게오르크

뜨거운 열정보다 중요한 것은
지속적인 열정이다. 마크 주커버그

세월은 피부를 주름지게 하지만,
열정을 저버리는 것은 영혼을 주름지게 한다. 더글러스 맥아더

열정과 끈기는
보통 사람을 특출하게 만들고
무관심과 무기력은
비범한 이를 보통 사람으로 만든다. 와드

어떤 일이든 열정만으로
60%의 문제를 해결할 수 있다. 도널드 트럼프

성공이란 열정을 잃지 않고
실패를 거듭할 수 있는 능력이다. 윈스턴 처칠

인내 없는 열정은 광기에 불과하다. 토머스 홉스

열정은 천재의 기원이다. 토니 로빈스

열정적으로 행동하라.
그러면 당신은 열정적으로 될 것이다. 데일 카네기

결코 끌 수 없는 열정으로 삶을 살아라. 윌리엄 셰익스피어

인생이 살 만한 이유는
무언가에 대한 열정과 신념 때문이다. 올리버 웬델 홈즈

꼬리무는 명언집 '신념'으로 이어집니다. ▶▶

신기술은

념원을 바친 이들의 피와 땀이다

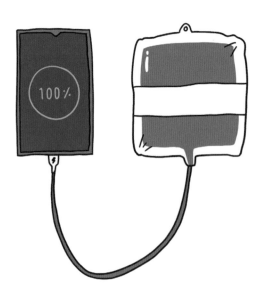

신념은 성공에서 첫 번째 필요조건이다. 앨버트 허버드

신념을 가는 한 명의 힘은
관심만 가지고 있는 아흔아홉 명의 힘과 같다. 존스튜어트밀

신념엔 반드시 실천적 의지가 뒤따라야 한다.
무언가를 하겠다고 결심했다면
절대 포기하지 말고 꾸준히 밀고 나가라. E. 버크

목적지에 이르기 위한 첫 단계는
현 위치에 머물지 않겠다고 결심하는 것이다. 피어폰트 모간

자기가 하는 일에 신념을 갖지 않으면 안 된다.
그리고 누구도 자기가 하는 일이 좋다고 굳게 믿으면
힘이 생기는 법이다. 요한볼프강폰괴테

타인의 신념을 존중하라.
그것이 그가 믿기 위해 가진 전부이다.
그의 마음은 당신이나 내 생각이 아니라
그의 생각을 위해 창조되었다. 헨리헤스킨스

믿음은 이성보다 더 고상한 능력이다. P. J. 베일리

사람은 스스로 믿는 대로 된다. 안톤체홉

용감해져라.
신념을 가져라.
앞으로 나아가라. 토머스에디슨

신념은 지식에 선행한다. 제임스알렌

꼬리무는 명언집 '지식'으로 이어집니다. ▶▶

지 지 않으려면

식 사하듯 채워야 하는 것

지식, 그 자체가 힘이다. 프랜시스 베이컨

지식이란 무릇 알면 적용하고
모르면 모름을 인정하는 것이다. 공자

얕은 지식만큼 위험한 것은 없다. 포프

지식을 지혜로 오해하지 마라. 샌드라 캐리

강제로 주입된 지식은
결코 뿌리를 내릴 수 없다. 조웨트

아는 것으로 그쳐서는 안 된다.
응용해야 한다.
하려는 마음만으로 그쳐서는 안 된다.
해야 한다. 레오나르도 다빈치

상식은 내가 아는 최고의 지식이다. 체스터필드

평범한 지식을 산더미처럼 쌓는 것보다
삶에 필요한 지식을 조금 아는 것이 현명한 것이다. 레프 톨스토이

젊어서 지식은 늙어서 지혜이다. 서양 속담

과학이 지식을 제한할 수는 있으나
상상력을 제한해서는 안 된다. 버트런드 러셀

꼬리무는 명언집 '상상력'으로 이어집니다. ▶▶

상식을 뛰어넘는 아이디어

상생을 추구하는 마음에서 나오는

력발상이 더 큰 감동을 줍니다

아이디어란 상상력을 통해 얻은 구원이다. F. R. 라이트

상상력의 힘은 우리를 무한하게 만든다. 존 뮤어

당신이 지금 상상하고 있는 것이
앞으로 당신 삶에서 펼쳐질 일들에 대한 예고편이다. 앨버트 아인슈타인

스스로 상상하지 못하는 일을
결코 이루지는 못할 것이다. 카렌 포드

무미건조한 상상력보다 끔찍한 것은 없다. 요한 볼프강 폰 괴테

지식보다 중요한 것은 상상력이다.
지식은 한계가 있다.
하지만 상상력은 세상의 모든 것을 끌어안는다. 앨버트 아인슈타인

성공하려면 기억이 아니라,
상상력에 근거한 삶을 살아야 한다. 스티븐 코비

상상력으로 시작하라.
나는 무엇이라고 하고 생각한
그대로의 그 무엇이 되는 것이다.
상상력은 곧 승리자가 되는
가장 중요한 최초의 단계이다. 디어도어 루빈

상상력은 창조력의 시작이다.
바라는 것을 상상하고 상상한 것을 의도하고
마침내 의도한 것을 창조하는 것이다. 버나드 쇼

꼬리무는 명언집 '창조'로 이어집니다. ▶▶

창조

밖의 여자, 이 노래로

용필은 세상을 감동시켰다

새로운 것은 그래야 한다

창조는 모방의 끝에서 시작된다. 오스카 와일드

창의성은 낯선 것에 대한 즐거움이다. 어니 젤린스키

창의성이란
아직 존재하지 않는 것을 보는 것이다.
그것을 존재하도록 하는 방법을 찾아내고
그렇게 신의 친구가 되는 것이다. 미쉘 쉬어

꾸준하게 반복하는 데서 창조성이 나온다. 무라카미 하루키

이 세상의 모든 훌륭한 것들은 독창성의 열매이다. 서양 속담

인간의 본성에 가장 큰 고통 중 하나는
새로운 발상을 위한 고통이다. 월터 배젓

인간의 미덕을 찾아볼 수 있는 것은
그가 끌어모으는 많은 재산에서가 아니라
그가 창조하는 얼마 안 되는 것들에서 이다. 칼릴 지브란

창조적이라고 해서 옆길로 벗어나서는 안 된다.
일상적인 것을 관찰해서 더욱 더 좋게 하려고
노력하는 것으로 충분하다. 안토니오 가우디

아이디어는 다이아몬드와 같다.
세공 과정을 거치지 않으면 더러운 돌일 뿐이지만
불순물을 제거하면 보석이 된다. 폴 컬리

새로운 발상에 놀라지 마라.
다수가 받아들이지 않는다고 해서
더는 진실이 아니지 않다는 것을 잘 알지 않는가. 바뤼흐 스피노자

꼬리무는 명언집 '진실'로 이어집니다. ▶▶

진심으로 사람을 대하면

실수하는 일 없을 거야

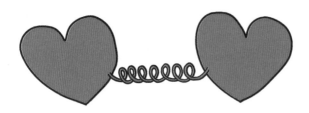

진실한 언어는 단순하다. Unknown

진실한 말에는 꾸밈이 없고
꾸미는 말에는 진실이 없다. 노자

진실의 가장 큰 친구는 시간이고,
진실의 가장 큰 적은 편견이며,
진실의 영원한 반려자는 겸손이다. 찰스 칼렙 콜튼

합리적인 것은 진실하며,
진실한 것은 합리적이다. 게오르크 헤겔

진실한 한마디 말은
웅변과 같은 가치가 있다. 서양 속담

진실을 말한다면
어떤 것도 기억할 필요가 없다. 마크 트웨인

진실은 그 어떤 시련도
두려워하지 않는다. 토머스 풀러

진실은 죽어가는 사람의
입술 위에 앉는 것이다. 매튜 아놀드

완벽한 진실을 말하는 방법은
단 두 가지뿐이다.
익명이거나, 유언이거나. 토머스 사즈

진실은 지혜보다 우선이다. Unknown

꼬리무는 명언집 '지혜'로 이어집니다. ▶ ▶

지식은 부족해도

혜안을 가진 사람이 더 사람답다

지혜의 첫 장은 정직이다. 토머스 제퍼슨

지혜의 기능은 선악을 구별하는 것이다. 서양 속담

지혜는 연륜이 아닌 능력으로 얻어진다. 플라우투스

지혜는 우선 무엇이 옳은지를 가르쳐 준다. 서양 속담

현명한 질문은 지혜의 절반이라고 말할 수 있다. 프랜시스 베이컨

가장 지혜로운 마음은
계속 무언가를 배울 여유를 가진다. 조지 산타야나

많이 배웠다고 뽐내는 것은 지식이요,
더는 모른다고 겸손해하는 것은 지혜다. 윌리엄 쿠퍼

지식을 얻으려면 공부를 해야 하고,
지혜를 얻으려면 관찰을 해야 한다. 마릴린 보스 사번트

우리는 성공에서보다는 실패에서 더 많은 지혜를 배운다.
하지 말아야 할 것을 발견함으로써 해야 할 것을 발견하게 된다. 새뮤얼 스마일스

우리가 후세에게 물려줄
가장 위대한 선물 중 하나는 우리의 지혜다. 데즈먼트 투투

똑똑하게 되기는 쉽지만 지혜는 경험에서 비롯되기 때문에
지혜롭게 되는 것은 매우 어렵다. 데바시쉬 무리드하

꼬리무는 명언집 '경험'으로 이어집니다. ▶▶

경륜이 쌓이면
험한 일도 거뜬!

최고의 증거는 단연 경험이다. 프랜시스 베이컨

경험은 엄한 스승이다.
먼저 시험에 들게 하고, 그 후에 교훈을 주기 때문이다. 버논 샌더스 로

학식이 있는 사람보다는
경험이 있는 사람에게 물어보라. 서양속담

서투르다는 말을 계속 듣고 싶은 사람은 없다.
서투른 경험이 쌓이면 능숙해지는 것이다. 나카타니 아키히로

실험을 통해 경험을 얻을 수 없다.
만들 수도 없다. 반드시 겪어야 얻는다. 알베르 카뮈

경험은 바보조차 현명하게 만든다. 서양속담

현명한 판단은 경험에서 나오고
경험은 그릇된 판단에서 나온다. 배리 르패트너

인간이 현명해지는 것은 경험에 의한 것이 아니고,
그 경험에 대처하는 능력 때문이다. 데카르트

경험이란 모든 사람이
자신의 실수에 붙이는 이름이다. 오스카 와일드

경험은 실수를 대가로 더디게 교훈을 준다. 제임스 A. 프루드

경험을 현명하게 사용한다면
어떤 일도 시간 낭비는 아니다. 오귀스트 르네 로댕

꼬리무는 명언집 '시간'으로 이어집니다. ▶▶

시
간

분 초를 헤프게 쓰다간

태우며 살고말지

우물쭈물하는 것은 시간의 도둑이다. 에드워드 영

인간은 항상 시간이 모자란다고 불평을 하면서도
마치 시간이 무한정 있는 듯이 행동한다. 세네카

시간은 인간이 쓸 수 있는 가장 값진 것이다. 테오프라스토스

우리가 진정으로 소유하는 것은 시간뿐이다.
재물을 가진 자에게도 그렇지 못한 자에게도 시간은 있다. 발타사르 그라시안

시간을 도구로 생각할 뿐 시간에 의존해서는 안 된다. 존 F. 케네디

당신은 지체할 수도 있지만, 시간은 그렇지 않을 것이다. 아우구스티누스

시간은 예전의 우리를 앗아간 무자비한 도둑이다. 엘리자베스 포사이드 헤일리

변명 중에서도 가장 어리석고 못난 변명은
'시간이 없어서'라는 변명이다. 토머스 에디슨

사람의 일생은 돈과 시간을 쓰는 방법에 따라 결정된다.
이 두 가지 사용 방법을 잘못하여서는 결코 성공할 수 없다. 다케우치 히토시

단지 성취에 걸리는
시간 때문에 꿈을 포기하지 말라.
시간이란 어차피 지나가게 되어있다. 벤저민 프랭클린

가장 바쁜 사람이 가장 많은 시간을 갖는다.
근면한 사람이 결국 많은 대가를 얻는다. 알렉산드리아피네

꼬리무는 명언집 '근면'으로 이어집니다. ▶▶

근

육을 잘 쓰면

면

할 수 있다. 가난!

욕망이 없는 곳에는 근면도 없다. 서양속담

근면은 빚을 갚고 자포자기는 빚을 늘린다. 벤저민 프랭클린

부지런한 사람에게는 모든 것이 쉽고
게으른 사람에게는 모든 것이 어려운 법이다. 벤저민 프랭클린

사다리는 한 계단씩 올라가야 하고
작은 물방울이 모여 거대한 바다를 이룬다. 서양속담

멈추지 않으면 얼마나 천천히 가는지는 문제가 되지 않는다. 공자

게으름은 모든 것을 어렵게 만들고,
근면은 모든 것을 쉽게 만든다. 벤저민 프랭클린

마음이 게을러지거든 나보다 나은 사람을 생각하라.
저절로 분발하리라. 홍자성

근면은 행운의 오른손이요, 절약은 그의 왼손이다. 영국속담

근면은 행운의 어머니이다. 서양속담

근면하지 않으면 인생에서 얻을 것이 없다. 호라티우스

근면이야말로 태만, 불성실, 빈곤의 세 가지 부끄러움을 쫓아준다. 볼테일

큰 재주를 가졌다면 근면은 그 재주를 더 낫게 해줄 것이며,
보통의 능력밖에 없다면 근면은 부족함을 보충해 줄 것이다. J. 레이놀즈

근면과 기술로 불가능한 것은 거의 없다.
위대한 작품은 힘이 아닌 인내로 일궈진다. 새뮤얼존슨

꼬리무는 명언집 '인내'로 이어집니다. ▶▶

인산인해 휴가지,
내가 싫어도 네가 좋다면!

인내하지 못하는 자는 얼마나 불행한가?
천천히 아물지 않는 상처가 어디 있단 말인가? 윌리엄 셰익스피어

가장 잘 견디는 자가 무엇이든지 가장 잘 할 수 있는 사람이다. 밀턴

인내와 불굴의 정신은 모든 것들을 극복한다. 랠프 월도 에머슨

인내가 없는 사람은 지혜가 없는 사람이다. 서양속담

이 세상에 기쁜 일만 있다면 용기도 인내도 배울 수 없을 것이다. 헬렌 켈러

인내는 악마도 먹어 치운다. 독일속담

인내할 수 있는 사람은 그가 바라는 것은
무엇이든지 손에 넣을 수 있다. 벤저민 프랭클린

인내는 목적을 달성시키지만 조급함은 파멸을 재촉한다. 사디

힘보다는 인내심으로 더 많은 일을 이룰 수 있다. 에드먼드 버크

모든 운명은 인내로 극복된다. Unknown

모든 것을 인내로 대하는 사람만이 모든 것에 도전한다. 바우베낙스

참고 버텨라.
그 고통은 차츰차츰 너에게 좋은 것으로 변할 것이다. 오비디우스

당신의 영혼에 인내심을 지녀라. 존 드라이든

시간과 인내, 끈기의 습성이야말로 승리의 습성이다. 허버트 코프만

꼬리무는 명언집 '승리'로 이어집니다. ▶▶

승자가 역사를 쓴다

리기지 못하면 역사도 없다

승리는 가장 끈기 있는 자에게 돌아간다. 나폴레옹 보나파르트

승리를 바라지 않는다면 이미 패배한 것이다. 호세 호아킨 데 올메도

이길 수 있다고 생각하면 이길 수 있다.
신념은 승리의 필수 요소이다. 윌리엄 해즐릿

승리는 패배의 맛을 알 때 제일 달콤하다. 말콤 포브스

승리한 후에 완전히 녹초가 되는 것보다 달콤한 느낌은 없다. 빈스 롬바르디

한 번 졌다고 영원히 진 것은 아니다. F. 스콧 피츠제럴드

큰 승리는
가장 빠르고 가장 똑똑하고 가장 총명하고
가장 부유한 사람에게 오지 않는다.
큰 승리는 넘어질 때마다 일어나는 사람에게 오는 것이다. 헨리에트 앤 클라우저

승리하려면 공격하라.
승리가 확실할 때만 공격하고 그렇지 않으면 공격하지 말라. 서양 속담

싸우지 않고 적이 스스로 항복하는 것이 최고의 승리이다.
싸우지 않고 이기는 것이 최선이다. 손자

승리는 습관이다. 유감스럽게도 패배 역시 마찬가지다. 빈스 롬바르디

자기 자신을 이기는 것은 승리 중에서도 최대의 것이다. 플라톤

우리 내부에는 승리와 패배의 씨앗이 있다.
당신이라면 어느 씨앗을 뿌리겠는가? 롱펠로우

승리도 목표를 잃으면 공허하게 된다. 네루

꼬리무는 명언집 '목표'로 이어집니다. ▶▶

목포를 가든 부산을 가든
표 가 필요해

확고한 목표만큼 마음에 평온을 가져다주는 것은 없다.
영혼은 한 지점에 밝은 눈을 고정할 것이다. 메리 셸리

목표는 구체적이어야 한다.
구체적인 목표가 없는 사람은 자신이 어떤 일을 해야 할지,
또 어떻게 해야 할지 모른다. 지그 지글러

우리에게 가장 위험한 것은
목표를 높게 정하고 이루지 못하는 것이 아니라
목표를 너무 낮게 잡고 그것에 안주하는 것이다. 미켈란젤로

있는 것은 오직 목표뿐이다. 길은 없다.
우리가 길이라고 부르는 것은 망설임에 불과하다. 카프카

목표를 설정하는 것에 너무 감동하지 마라.
목표를 실현하는 것에 감동을 하여라. 존 맥스웰

작은 일도 목표를 세워라.
그러면 반드시 성공할 것이다. 만 레이

장애물이란 목표지점에서 눈을 돌릴 때 나타나는 것이다.
목표에 눈을 고정하고 있다면 장애물은 보이지 않는다. 헨리 포드

목표를 이루겠다는 각오가
얼마나 단단한지 절박한지 보기 위해 우주는 우리를 시험한다.
조금만, 조금만 참고 견디면 된다. 앤드류 토마스

마음속에 무언가 목표를 정해서 하루를 시작하고
'그것을 해냈노라'란 말로 하루를 맺어라. 지그 지글러

매일 아침 삶의 목표를 생각하며 일어나라. 아이제이아 토머스

꼬리무는 명언집 '아침'으로 이어집니다. ▶▶

아 들아, 먼동이 텄다

침 대를 박차고 일어나라

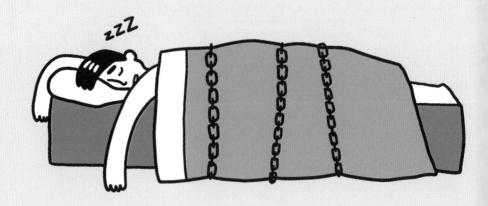

아침에 당신을 벌떡 깨울 수 있는 꿈을 가져야 한다. 빌리와일더

아침에 우리는 강해지며 모든 능력을 뜻대로 활용할 수 있다. 쇼펜하우어

아침에 일어날 때마다
그날 할 일이 있음을 감사하라. 찰스킹슬리

늦게 일어난 사람은 종일 총총걸음을 걸어야 한다. 벤저민 프랭클린

늦게 일어나서 아침을 짧게 하지 마라. 쇼펜하우어

아침 일찍 일어나 있는 것은 천 냥,
밤에 깨어 있는 것은 백 냥이다. 일본속담

아침에 눈을 뜨면 무엇보다도 먼저
'오늘은 한 사람에게만이라도 기쁨을 주어야겠다.'는
생각으로 하루를 시작하라. 프레드리히 니체

아침은 밤보다 현명하다. 서양속담

성공한 사람들은 모두 아침에 깨어 있었다.
아침의 1시간은 낮의 3시간이다. 아침을 회복하라.
아무리 밤이 즐거워도 아침과 맞바꾸지 마라. 사이쇼 히로시

새로운 하루에는 새로운 마음을 담아야 한다. 아우구스티누스

인생을 살아가는 데는 오직 두 가지 방법밖에 없다.
하나는 아무것도 기적이 아닌 것처럼,
다른 하나는 모든 것이 기적인 것처럼 살아가는 것이다. 앨버트 아인슈타인

꼬리무는 명언집 '방법'으로 이어집니다. ▶▶

방석이 없으면
법전이라도 깔고 앉아라

하고자 하는 자는 방법을 찾고
하기 싫어하는 자는 핑계를 찾는다. Unknown

오늘은 오늘 일만 생각하고
한 번에 모든 것을 하려고 하지 않는 것,
이것이 현명한 사람의 방법이다. 세르반테스

비상 상황에는 비상 대책을 써야 한다. 나폴레옹 보나파르트

위기에 시기에는 가장 대담한 방법이 때로는 가장 안전하다. 헨리 키신저

바람이 도와주지 않으면 노에 의지하여라. 서양 속담

바람이 불지 않을 때 바람개비를 돌리는 방법은
앞으로 달려가는 것이다. 데일 카네기

길이 없으면 길을 찾아라.
찾아도 없으면 만들어라. 정주영

과거를 떨쳐낼 방법이 없다면 더 나은 미래를 가질 수 없다. Unknown

누구도 달성해내지 못한 성취는
누구도 시도한 적 없는 방법을 통해서만 가능하다. 프랜시스 베이컨

세상에 불가능은 없다.
단지 우리가 가능한 방법을 모를 뿐이다. 래리슨 커드모어

하려고만 하면 방법은 보인다. 정주영

더 좋은 방법은 언제나 있다. 토머스 에디슨

할 수 있다. 잘 될 것이다. 라고 결심하라.
그리고 나서 방법을 찾아라. 에이브러햄 링컨

꼬리무는 명언집 '긍정'으로 이어집니다. ▶▶

긍께,

정색하고 부정부터
하지 말랑께

지속적인 긍정적 사고는 능력을 배가시킨다. 콜린 파월

작은 차이는 태도이고,
큰 차이는 긍정적이냐 부정적이냐이다. W. 클레멘트 스톤

할 수 있다고 생각하면 할 수 있고,
할 수 없다고 생각하면 할 수 없다. 헨리 포드

할 수 있다고 말하다 보면 결국 실천하게 된다. 사이먼 쿠퍼

긍정적으로 생각하라.
자신이 원하는 상황을 머릿속에 그려보라. 앤드류 매튜스

긍정적인 사람이 돼라!
긍정적인 사람은 다른 사람에게 호감을 주지만
부정적인 사람은 거부감을 준다. 제임스 J. F. 주니어

우리는 하루에 50~60만 가지 생각을 한다.
그 가운데 90%가 부정적인 것이다. 디팩 초프라

부정적인 태도는 바람 빠진 타이어와 같다.
타이어를 바꾸기 전에는 멀리 가지 못할 것이다. 웬디 마셜

비관론자는 모든 기회 속에서 어려움을 찾아내고,
낙관론자는 모든 어려움 속에서 기회를 찾아낸다. 윈스턴 처칠

자신에 대해 긍정적인 생각을 하는 방법은
긍정적인 행동을 하는 것이다.
용기를 내어 그대가 생각하는 대로 살지 않으면
머지않아 그대는 사는 대로 생각하게 된다. 폴 발레리

긍정의 힘은 성공하는 습관을 길러주는 마술램프다. 닉 부이치치

꼬리무는 명언집 '습관'으로 이어집니다. ▶▶

습도가 높아지면 관절에 절로 손이 간다

습관보다 강한 것은 없다. 오비디우스

습관이란 인간으로 하여금 어떤 일이든지 하게 만든다. 도스토옙스키

모든 습관은 노력으로 굳어진다.
잘 걷는 습관을 기르기 위해서는 많이 걷고,
잘 달리기 위해서는 많이 달려야 한다. 에픽테토스

시작하게 하는 것이 '동기'라면
계속 나아가게 만드는 것은 '습관'이다. 짐라이언

습관은 나무껍질에 새겨놓은 문자 같아서
그 나무가 자라남에 따라 확대된다. 새뮤얼 스마일스

생각은 곧 말이 되고 말은 행동이 되며 행동은 습관으로 굳어지고
습관은 성격이 되어 결국 운명이 된다. 찰스 리드

거지같이 천한 일도 습관이 되면 그만두지 못한다. 서양 속담

노력을 중단하는 것보다 더 위험한 것은 없다. 그것은 습관을 잃는다.
습관은 버리기는 쉽지만 다시 들이기는 어렵다. 빅토르 위고

작은 일에 거창한 말을 사용하는 습관은 피해라. 새뮤얼 존슨

처음에는 사람이 습관을 만들지만
나중에는 습관이 사람을 만든다. 아리스토텔레스

작은 습관이 지속되면 그것이 곧 당신의 재능이 된다. 고바야시 다다아키

꼬리무는 명언집 '재능'으로 이어집니다. ▶▶

재미있는 세상을 만드는 능력

재능이란 지속할 수 있는 인내다. 모파상

쇳덩이는 사용하지 않으면
녹이 슬고 물은 썩거나 추위에 얼어붙듯이
재능도 사용하지 않으면 녹슬어버린다. 레오나르도 다빈치

많은 사람이 재능의 부족보다
결심의 부족으로 실패한다. 빌리 선데이

신은 재능을 주시고
노력은 그 재능을 천재로 만든다. 안나 파블로바

노력을 이기는 재능은 없고
노력을 외면하는 결과도 없다. 이창호

재능은 누구나 가지고 있지만
재능을 실현하기 위해 걸어야 할
어려운 과정을 밟을 용기를 지닌 사람은 드물다. 에리카 종

재능이 없다고 말하는 사람들은
대부분 별로 시도해 본 일이 없는 사람들이다. 앤드류 매튜

자신을 내보여라.
그러면 재능이 드러날 것이다. 발타사르 그라시안

자기 능력을 감추지 마라.
재능은 쓰라고 주어진 것이다.
그늘 속의 해시계가 무슨 소용이랴. 벤저민 프랭클린

나는 특별한 재능을 갖고 있지 않다.
오직 열정으로 가득한 호기심을 갖고 있을 뿐이다. 앨버트 아인슈타인

꼬리무는 명언집 '호기심'으로 이어집니다. ▶▶

호호할머니가 되면
기분이 어떨까
심장이 두근거려

호기심은 언제나 새로운 길을 알려준다. 월트 디즈니

인간의 마음에서 발견할 수 있는
가장 단순하고 우선적인 감정은 호기심이다. 에드먼드 바크

사람은 호기심이 없어지면서부터 늙는다.
배우면 젊어지고 삶을 즐길 수도 있게 된다. 피터 드러커

오직 호기심이 많은 사람이 배우고
오직 굳게 결심한 사람만이 배움의 장벽을 넘을 수 있다. 엔진 윌슨

가장 위대한 업적은
'왜'라는 아이 같은 호기심에서 탄생한다.
마음속 어린아이를 포기해서는 안 된다. 스티븐 스필버그

삶의 모든 면에 대한 다양한 호기심이야말로
뛰어난 크리에이티브의 은밀한 비법이다. 레오 버넷

관심이 곧 호기심이다.
그것은 모든 일의 출발점이다. 토머스 칼라일

호기심을 없애는 한 가지 방법은
그것을 정복하는 것이다. 로버트 스티븐슨

창조성을 주입할 수는 없다.
대신 호기심을 불러일으키는 환경을 창조해야 한다. 켄 로빈슨

모든 일에 있어 호기심을 잃지 마라.
호기심을 잃는 순간부터 당신의 열정을 의심해야 한다. G. 킹슬리 워드

꼬리무는 명언집 '의심'으로 이어집니다. ▶▶

의사를 믿지 못하면

심각해질 수 있다

약한 사람은 결정을 내리기 전에 의심하고,
강한 사람은 결정을 내린 후 의심한다. 카를 크라우스

의심함으로써 우리는 진리에 도달한다. 키케로

의심하는 것이 유쾌한 일은 아니다,
하지만 확신하는 것은 어리석은 일이다. 볼테르

확실히 믿으려면 먼저 의심해야 한다. 스타니슬라브 레친스키

의심과 두려움을 극복한 사람은 실패도 극복한다. 제임스 에런

진실은 의심할 여지 없이 아름답다.
하지만 거짓 역시 그렇다. 랠프 월도 에머슨

의심은 배반자이다.
의심하면 시도하는 것이 두려워져
얻을 수 있는 좋은 것을 얻지 못하게 만든다. 윌리엄 셰익스피어

의심으로 가득 찬 마음은
승리로의 여정에 집중할 수 없다. 아서 골든

안 되리라 의심해서는 안 된다.
주저 말고 한번 시험해 보라. 디오도어 루빈

의심하면 의심하는 만큼밖에 못하고
불가능하다고 생각하면 결국 해낼 수 없는 것이다. 정주영

꼬리무는 명언집 '불가능'으로 이어집니다. ▶▶

불만 많고 **가**식적이고 **능**력마저 없으면 입사금지

하고자 하는 마음에 불가능이란 없다. 서양속담

불가능을 가능케 하라. 스티브잡스

불가능해 보이는 것은
불확실한 가능성보다 항상 더 낫다. 아리스토텔레스

불가능을 구함으로
가장 가능한 것을 얻는다. 이탈리아속담

불가능한 것을 성취하려면 불가능한 것도 실행해야 한다. 세르반테스

불가능은 아직 솔루션을 찾지 못했다는 의미일 뿐이다. Unknown

불가능하다고 입증되기 전까지는 모든 것이 가능하다.
그리고 불가능한 것도 현재 불가능한 것일 뿐이다. 펄벅

불가능하다는 말을 절대 말하지 마라.
그냥 쓰레기통에 던져 버려라. 요한볼프강폰괴테

끝나 버리기 전에는
무슨 일이든 불가능하다고 생각하지 마라. 키케로

어려운 것은 즉시 해낼 수 있는 것이고
불가능은 시간이 좀 걸릴 뿐이다. 조지산타야나

누군가 해내기 전까지는 모든 것이 '불가능한 것'이다. 블루스웨인

불가능하다고 말하는 사람들의 충고는 듣지 말아야 한다. 로버트밀튼

꼬리무는 명언집 '충고'로 이어집니다. ▶▶

충분한 사랑의 글은 없음을 알라!

고딕체로도 명조체로도 완성되지 않는다.

많은 사람이 충고받지만
오직 현명한 자만이 충고의 덕을 본다. 푸블리우스 시루스

어떤 충고든 간단히 하라. 호레이스

충고는 해줄 수 있으나, 행동하게 할 수는 없다. 서양속담

자신을 아는 일이 가장 어렵고,
다른 사람에게 충고하는 일이 가장 쉽다. 탈레스

자신을 경고하는 이야기는
아무리 좋게 이야기를 한다 해도
단순하게 받아들이지 말라. 데이비드 오길비

장점을 자랑하는 것은 해독제로 음독자살하는 것이다.
잘난 척하는 것은 자신을 독살시키는 것이다. 벤저민 프랭클린

결점이 많다는 것은 나쁜 것이지만
그것을 인정하지 않는 것은 더더욱 나쁜 것이다. 서양속담

결점을 찾지 마라, 개선책을 찾아라. 헨리 포드

위인이나 위인의 조건에 대한 논쟁으로 시간을 낭비 말라.
스스로 위인이 돼라. 마르쿠스 아우렐리우스

기적을 바라는 것은 좋지만
그 기적에 의지하려 해서는 안 된다. 탈무드

성공한 사람이 될 수 있는데
왜 평범한 이에 머무르려 하는가? 베르톨트 브레히트

충고하는 이를 미워하지 말고 불평하는 이와 약속하지 마라. Unknown

꼬리무는 명언집 '약속'으로 이어집니다. ▶▶

약속

먹을 때 주의사항은

속들이 지켜야 한다

많은 약속은 신용을 해친다. 호라티우스

함부로 약속하는 사람은
그 실행을 무시한다. 보브나르그

이미 정한 약속은 갚지 않은 빚이다. R. W 서비스

아무리 보잘것없는 것이라 하더라도
한 번 약속한 일은 상대방이 감탄할 정도로
정확하게 지켜야 한다.
신용과 체면도 중요하지만 약속을 어기면
그만큼 서로의 믿음이 약해진다.
그러므로 약속은 꼭 지켜야 한다. 카네기

약속을 쉽게 하지 않는 사람은
그 실행에는 가장 충실하다. 장자크루소

사람은 자기가 한 약속을 지킬 만한
좋은 기억력을 가져야 한다. 프레드리히니체

아이에게 무언가 약속하면 지켜라.
지키지 않으면 아이에게 거짓말을 가르치는 것이다. 탈무드

약속을 지키는 최고의 방법은
약속을 하지 않는 것이다. 나폴레옹 보나파르트

덜 약속하고
더 해주어라. 톰피터스

기다림은 어떤 약속을 믿는 일이다. Unknown

꼬리무는 명언집 '기다림'으로 이어집니다. ▶▶

기도하고

다시 기도하라

림이 올 것이다

택 배

시간은 기다리는 자에게 기대하는 것을 가져다준다. 서양속담

만사는 끈기 있게 기다리는 자에게 찾아온다. 롱펠로우

꽃은 암흑의 순간에 자라난다. 켄트

먼저 피는 꽃이 먼저 진다. 채근담

기다리는 사람에게 반드시 때는 온다. 서양속담

기다릴 수 있는 자에게 모든 것은 돌아온다. 라블레

기다릴 줄 아는 것이 성공의 제1의 비결이다. J.메스트르

성공은 열심히 노력하며 기다리는 자에게 찾아온다. 토머스 에디슨

신이 인간에게 미래를 밝혀주실 그 날까지
인간의 모든 지혜는 오직 다음 두 마디 속에 있다는 것을 잊지 마라.
'기다려라! 그리고 희망을 품어라!' 알렉상드르 뒤마

기다림이 재앙보다는 낫다. Unknown

기다림을 배워라!
성급한 열정에 휩쓸리지 않을 때
인내를 가진 위대한 심성이 드러난다.
사람은 먼저 자기 주인이 되어야 한다.
그런 다음에야 타인을 다스리게 될 것이다.
길고 긴 기다림 끝에 계절은 완성을 가져오고
감춰진 것을 무르익게 한다. 필립 2세

꼬리무는 명언집 '계절'로 이어집니다. ▶▶

계속해서 오지만 절대 머물지 않는 것

봄은 계획과 시작의 계절이다. 레프 톨스토이

모든 것들이 숨을 죽이지만 봄만은 예외다.
봄은 그 어느 때보다 더 힘차게 치솟아 오른다. B. M. 바우어

낙관주의자란 봄이 인간으로 태어난 것이다. 수잔 비소네트

봄이야 말로 진정한 재건주의자다. 헨리 팀로드

봄이 무엇인지는 겨울이 되어야 비로소 알 수 있다. 하이네

찬란히 빛나라. 봄이여,
앞으로 올여름에 그대를 추억할 수 있게. 드게르 머큐리

가을바람을 타고 불타는 듯한 색채가
매년 언덕을 정복하기 시작한다.
가을은 미술가다. 이까쿠 다카유키

겨울은 내 머리 위에 있으나 영원한 봄은 내 마음속에 있다. 빌 게이츠

겨울은 영원히 지속되지 않는다.
봄이 순서를 건너뛰는 법도 없다. 할 볼란트

겨울이 오면 봄도 멀지 않으리. 퍼시 셸리

겨울이 우리에게 묻는 날이 있으리라,
여름에 무엇을 했느냐고. 서양 격언

결혼은 과일과 달리 아무리 늦어도
계절에 어긋나는 법이 없다. 레프 톨스토이

꼬리무는 명언집 '결혼'으로 이어집니다. ▶▶

결론은 **혼**자서 못 산다는 것

모든 인간의 지식 중에서
결혼에 관한 지식이 가장 뒤떨어진다. 발자크

행복한 결혼의 비결은 간단하다.
그것은 가장 절친한 친구들을 대할 때처럼
서로 예절을 지키는 것이다. 로버트 킬렌

단지 돈을 위해 결혼하는 것보다 더 나쁜 것은 없고,
사랑만을 위해 결혼하는 것보다 더 어리석은 일은 없다. 새뮤얼 존슨

결혼이 불행해지는 이유는
사랑이 부족해서가 아니라 우정이 부족해서다. 프레드리히 니체

절대 결혼생활이 고통보다 기쁨이 많다고 말하지 마라. 에우리피데스

사람은 판단력의 결여 때문에 결혼하고
인내력의 결여 때문에 이혼을 하고
기억력의 결여 때문에 재혼을 한다. 알망드 클루

외로움에 대한 두려움이 속박에 대한 두려움보다 더 크다.
그래서 우리는 결혼을 한다. 시릴 코널리

결혼하고 싶다면 이렇게 자문해보라.
'나는 이 사람과 늙어서도 대화를 즐길 수 있는가?'
결혼생활의 다른 모든 것은 순간적이지만
함께 있는 시간 대부분은 대화를 하게 된다. 프레드리히 니체

평생 행복한 결혼생활을 한다는 것은
단연 최고의 예술에 속한다. Unknown

꼬리무는 명언집 '예술'로 이어집니다. ▶ ▶

예나 지금이나
술에서 명작난다

예술은 문명의 표시이다. 베벌리 실스

예술은 당신이 일상을 벗어날 수 있는 모든 것이다. 앤디 워홀

예술의 사명은 자연을 모방하는 것이 아니라
자연을 표현하는 일이다. 오노레 드 발자크

꽃을 주는 것은 자연이고
그 꽃을 엮어 만드는 것은 예술이다. 요한 볼프강 폰 괴테

모든 예술은 자연의 모방이다. 세네카

예술이란 자연이 인간에게 비추어진 것이다.
중요한 것은 거울을 닦는 일이다. 오귀스트 르네 로댕

감정과 의지에서 나오지 않는 예술은
참된 예술이라 할 수 없다. 요한 볼프강 폰 괴테

예술은 손으로 만든 작품이 아니라
예술가가 경험한 감정의 전달이다. 레프 톨스토이

진정한 예술은 창조적인 예술가의
견딜 수 없는 충동 때문에 생긴다. 앨버트 아인슈타인

예술과 사랑을 하기에는 인생이 짧다. 윌리엄 서머셋 모옴

유능한 예술가는 모방하고 위대한 예술가는 훔친다. 파블로 피카소

예술가가 의지만 있다면
대량생산된 물건도 예술 작품이 될 수 있다. 마르셀 뒤샹

꼬리무는 명언집 '의지'로 이어집니다. ▶▶

의사 안중근의

의지

독한 나라사랑

세상은 의지에 달렸다. 발타자르 그라시안

강인함이 부족한 것이 아니라
의지가 부족한 것이다. 빅토르 위고

기둥이 약하면 집이 흔들리듯,
의지가 약하면 생활도 흔들린다. 랠프 월도 에머슨

할 수 있다고 믿는 사람은 그렇게 되고
할 수 없다고 믿는 사람 역시 그렇게 된다. 샤를 드골

할 수 있다는 믿음을 가지면
그런 능력이 없을지라도
결국에는 할 수 있는 능력을 갖추게 된다. 마하트마 간디

자신은 할 수 없다고 생각하는 동안은
그것을 하기 싫다고 다짐하는 것이다.
그러므로 그것은 실행되지 않는 것이다. 바뤼흐 스피노자

다른 누군가가 할 수 있거나
인생에서 이룰 수 있는 일이라면
나 역시 그럴 수 있다. 토머스 빌로드

"최선을 다하고 있다."라고 말해봤자 소용없다.
필요한 일을 함에 있어서는 반드시 성공해야 한다. 윈스턴 처칠

오늘 그것을 할 수 없다면 대체 무슨 근거로
내일 그것을 할 수 있다고 생각하는가? 유서프 타라

고난은 의지보다 약하다. 월리스

꼬리무는 명언집 '고난'으로 이어집니다. ▶▶

고난

고생도 끝이 있다

용기를 낸다

고난은 가면을 쓴 커다란 행운이다. 영국속담

고난이란 최선을 다할 기회다. 듀크엘링턴

모든 고난은 사람의 마음을 북돋우는 박차이며,
여러 가지 생각을 떠올리게 하는 귀중한 힌트이다. 랠프월도에머슨

고난을 겪지 않은 사람은 세계의 한 면만을 본 사람이다.
그러므로 그 외의 다른 면을 보지 못한다. 세네카

고난보다 더 좋은 교훈은 없다. 비콘스필드

고난 없는 성공은 없다. 서양속담

잔잔한 바다에서는 좋은 뱃사공이 만들어지지 않는다. 영국속담

세상은 고통으로 가득하지만
한편 그것을 이겨내는 일로도 가득 차 있다. 헬렌켈러

노동이 우리 몸을 강하게 하는 것처럼
고난은 마음을 강하게 한다. 세네카

괴로움이 남기고 간 것을 맛보아라.
고난도 지나고 보면 달콤한 것이다. 요한볼프강폰괴테

명심하라.
하늘은 결코 인간에게 견딜 수 없는
슬픔을 주지 않는다는 사실을. 윌리엄사파이어

고난과 시련의 시기에서 흔들리지 않는 것.
이는 진정한 이 시대 위인의 증거이다. 베토벤

꼬리무는 명언집 '시련'으로 이어집니다. ▶▶

시험에 들 때마다
련습이려니 하세요

시련이 없다는 것은
축복받은 적이 없다는 것이다. 에드거앨런포

시련이란 꼭 방해 거리 만 되는 것은 아니다.
그것을 우리의 발아래 놓으면 더 높이 올라갈 수 있다. C. F. 블렌차드

훌륭한 인간의 두드러진 점은
쓰라린 환경을 이겼다는 것이다. 베토벤

날기 위해서는 저항이 있어야 한다. 마야린

연은 순풍이 아니라 역풍에 가장 높이 난다. 윈스턴처칠

보석은 마찰 없이 빛날 수 없으며
인간은 시련 없이 성숙해질 수 없다. 서양속담

고칠 수 없는 상황이라면 참고 견뎌야 한다.
피할 수 없는 것은 포옹해 주어야 한다. 서양속담

역경 속에서도 계속 의욕을 가져라.
최선의 결과는 곤경에서 나오는 경우가 많다. 마틴브라운

시련을 겪어야만 한다면 차라리 극한의 시련을 겪자. 사디

시련의 끝에는 언제나 새로운 길이 놓여 있다. 짐맥클라렌

이 사악한 세상에서 영원한 것은 없다.
우리가 겪는 어려움조차도. 찰리채플린

시련은 삶의 밑거름이다. Unknown

꼬리무는 명언집 '삶'으로 이어집니다. ▶▶

삶은 잘 꾸리면
예쁜 날들을 선물합니다

삶은 즐겁다. 죽음은 평화롭다.
골칫거리는 바로 그 중간과정이다. 아이작 아시모프

출생과 죽음은 피할 수 없으므로 그 사이를 즐겨라. 조지 산타야나

얼마나 오래 사느냐가 아니라
어떻게 사느냐가 문제다. 서양 속담

오늘 내가 죽어도 세상은 바뀌지 않는다.
하지만 내가 살아 있는 한 세상은 바뀐다. 아리스토텔레스

모든 사람은 죽음 앞에 평등하다. 퍼블릴리어스 사이러스

사람의 죽음은,
죽은 사람보다 산 사람의 문제다. 토마스 만

죽음을 그토록 두려워 말라.
못난 인생을 두려워하라. 베르톨트 브레히트

인생에서 늦어도 무방한 것이 두 가지 있다.
결혼과 죽음이다. 유대 속담

낙오자란 세 글자에 슬퍼하지 말고
사랑이란 두 글자에 얽매이지 말고
삶이란 한 글자에 충실하라. 프레드리히 니체

충실하게 보낸 하루가 행복한 잠을 가져다주듯이
충실하게 보낸 인생은 행복한 죽음을 가져다준다. 레오나르도 다빈치

꼬리무는 명언집 '잠'으로 이어집니다. ▶▶

잠깐만!

힘들면 잠시 눈을 붙이세요

잠은 눈꺼풀을 덮어
선한 것, 악한 것, 모든 것을 잊게 하는 것이다. 호메로스

잠은 피로한 마음의 최상의 약이다. 미겔데세르반테스

식후의 잠은 은이고 식전의 잠은 금이다. 레프톨스토이

자정 전의 한 시간의 잠은 그 후 세 시간 잔 것과 같다. 조지허버트

잠이 약보다 낫다. 서양속담

가볍게 생각해 대충 처리한 모든 곤란은
나중에 잠을 방해하는 유령이 될 것이다. 쇼팽

깨끗한 양심은 잠을 잘 들게 하는 부드러운 베개이다. 서양속담

일찍 일어나고 일찍 자는 것은 남자를 건강하게 하고,
부자로 만들고, 현명하게 한다. 벤저민 프랭클린

잠 못 드는 사람에게 밤은 길고,
지쳐 있는 나그네에게는 길은 멀다. 법구경

인생에 큰 슬픔이 닥칠 때는 용기를,
작은 슬픔에는 인내심을 가져라.
그리고 땀 흘려 일과를 마친 후 편안히 잠자리에 들라.
신께선 깨어 계신다. 빅토르위고

라스트 씬은 '반전'으로! ▶▶

반 딧불이

전 등을 끄게 하다

가장 난폭한 망아지가 명마가 된다. 데미스토클레스

공붓벌레들에게 잘해주십시오.
나중에 그 사람 밑에서 일하게 될 수도 있습니다. 빌게이츠

굉장한 적을 만났다. 아내다.
너 같은 적은 생전 처음이다. 바이런

금요일에 결혼한 사람은 평생 불행하다는데 어떻게 생각하십니까?
당연히 맞는 말이죠. 금요일이라고 예외겠습니까. 버나드쇼

나는 2주 동안 다이어트를 했는데,
사라진 것은 그 2주라는 시간뿐이었다. 토티필즈

나는 돈도 없고, 빽도 없고, 불가능도 없다. 닉부이치치

나는 밤에만 꿈을 꾸는 것이 아니라 온종일 꿈을 꾼다. 스티븐스필버그

남자가 저녁 식사에 늦을 것이라 전화하면
신혼은 이미 끝난 것이다. 로렌스

남자란, 말하며 접근할 때는 봄이지만 결혼을 해버리면 겨울이다. 윌리엄셰익스피어

도망가는 게 무서웠을 뿐인데, 용기 있다고 평가받는 사람도 있다. 토마스풀러

도박은 불확실한 것을 얻기 위해 확실한 것을 거는 행위이다. 파스칼

때때로 혼자인 편이 낫다.
왜냐하면 아무도 너에게 상처를 줄 수 없으니까. Unknown

매일 8시간씩 성실하게 일하면 승진해서
매일 12시간씩 일할 수 있게 된다. 로버트프로스트

먹고 살기 위해 죽을 것까진 없잖아. 린존스턴

먼저 자신을 비웃어라. 다른 사람이 당신을 비웃기 전에. 엘사맥스웰

모든 사람이 온종일 너무 많은 정보를 얻는 나머지,
그들은 상식을 잃어간다. 거트루드 스타인

사람들이 생각을 안 하니 지도자들은 얼마나 운이 좋은가? 아돌프 히틀러

사랑은 아름다운 여자를 만나서부터
그녀가 꼴뚜기처럼 생겼음을 발견하기까지의 즐거운 시간이다. 존 배리모어

소년들이여, 그대가 캘빈클라인의 모델 같은 남자가 아니라면
여자들도 빅토리아 시크릿의 모델이길 바라지 마라. Unknown

수상한 남자의 차를 얻어 타지 말고,
모든 남자는 수상하다는 사실을 항상 기억하라. 로빈 모건

술을 마신다고 하여 문제가 해결되는 것은 아니지만
우유를 마신다고 해서 더 나아지는 것도 없다. 스코틀랜드 속담

아름다운 얼굴 뒤에 추한 마음이 감춰져 있을지도 모른다. 서양 속담

어른이 됐을 때쯤,
나는 자연스레 내가 어른이 됐을 거로 생각했다. 이브 바비츠

우리는 다 멋지고 친절한 사람이지만,
우리 모두에게는 짐승 같은 면도 있지 않나요? 시드 비셔스

전쟁이 정말 끔찍하다는 것은 다행이다.
아니면 전쟁이 좋아질지도 모르므로. 로버트 에드워드 리

죄를 짓고 잘되는 사람도 있고,
덕을 베풀고 망하는 사람도 있다. 윌리엄 셰익스피어

한 명의 죽음은 비극이요, 백 명의 죽음은 숫자다. 요시프 스탈린

항상 자녀에게 친절 하라.
그 애들이 후에 당신이 갈 양로원을 고를 테니까. 필리스 딜러

속 에 깊이

담 고 살자

격 조 있는 지혜의

언 어

가장 하기 힘든 일은 아무것도 안 하는 것이다.

개미들은 결코 텅 빈 창고를 향해 가지 않는다.

그날을 붙잡아라.

구름 뒤에선 태양이 빛나고 있다.

나쁜 일은 항상 겹친다.

내가 바라는 것은 더 가벼운 짐이 아니라 보다 건장한 어깨다.

너의 친구를 보여 주면 네가 어떤 사람인지를 말해 주겠다.

눈에서 멀어지면, 마음에서도 멀어진다.

늦어도 전혀 하지 않는 것보다는 낫다.

뛰기 전에 앞을 봐라.

뜻이 있는 곳에 길이 있다.

로마에서는 로마법을 따르라.

먼저 온 놈이 먼저 대접받는다.

벌이 없으면 꿀도 없다.

부러지는 것보다 굽는 것이 낫다.

분수를 아는 것이 부자보다 낫다.

비 온 뒤에 땅이 굳어진다.

사람들의 좋은 회상 속에 자주 있는 자가 가장 위대하다.

사람의 속과 수박의 속은 알기가 매우 어렵다.

서툰 목수가 연장 나무란다.

손안에 새 한 마리가 덤블 속의 두 마리 새보다 낫다.

수의壽衣에는 호주머니가 없다.(空手來 空手去)

쉽게 온 것은 쉽게 나간다.

시기와 분노는 수명을 단축한다.

시작하기 전에 끝을 생각하라.

신선한 공기는 의사를 가난하게 한다.

알을 까기도 전에 병아리를 세지 마라.

어리석은 사람만이 3가지 물건을 빌린다. 책, 우산, 돈이다.

엉터리로 배운 사람은 아무것도 모르는 사람보다 훨씬 더 어리석다.

역사는 항상 승자의 편에서 쓰인다.

오늘 할 수 있는 일을 내일로 미루지 마라.

오랫동안 보지 않으면 잊힌다.

용서는 복수보다 낫다.

우물이 마르기까지는 물의 가치를 모른다.

유머의 꽃은 슬픈 시대에 핀다.

의사를 부르기 전에 휴식, 즐거움, 절제, 이 셋을 의사로 삼아라.

이웃은 자기 모습을 비춰 주는 거울이다.

이해는 찬성의 시작이다.

자두나무에서는 사과가 열리지 않는다.

조급하게 판단하는 자는 후회를 재촉한다.

쥐구멍에도 볕들 날 있다.

지나친 것은 하지 않는 것만 못하다.

지푸라기 하나가 바람 부는 방향을 가르쳐 준다.

진흙탕에 빠진 뒤에는 몸부림칠수록 더 더러워질 뿐이다.

짚신도 짝이 있다.

재능 있는 사람은 성취하고 천재는 창조한다.

천천히 숙고하고 빠르게 실행하라.

첫인상이 대부분 오래 간다.

친구에게 충고할 때는 즐겁게 하지 말고, 도움이 되도록 하라.

친절한 말은 봄볕과 같이 따사롭다.

책과 친구는 수가 적고 좋아야 한다.

틀린 길을 가느니 돌아가는 것이 낫다.

태만은 범죄다.

파리는 타죽을 때까지 촛불 주변을 맴돈다.

하루 하나씩의 사과는 의사를 멀리하게 한다.

해가 있을 때 건초를 말려라.

현명한 자는 다른 이의 잘못을 보고 자기 잘못을 바로 잡는다.

흠 없는 조약돌보다는 흠 있는 금강석이 더 낫다.

목차 찾아보기(가나다 순)

YOU ARE NOT
SPECIAL.
YOU ARE JUST
A LIMITED
EDITION.

명언, 그거 다 뻥이야. 내가 겪어보기 전까지는
평소에 접하기 힘든 명언, 카피라이터의 창작 명언

2017년 01월 01일 초판 발행
2022년 4월 8일 개정판 1쇄 발행

지은이   권수구 · 흔들의자
일러스트   박재성
펴낸이   안호헌
아트디렉터   바이브온

펴낸곳   도서출판 흔들의자
          출판등록   2011. 10. 14(제311-2011-52호)
          주소   서울 강서구 가로공원로84길 77
          전화   (02)387-2175
          팩스   (02)387-2176
          이메일   rcpbooks@daum.net(원고 투고)
          블로그   http://blog.naver.com/rcpbooks

ISBN 979-11-86787-45-8 13190
ⓒ 권수구 · 박재성 · 흔들의자